Haciendo
LIMONADA

Historias Inspirantes De Mujeres Reales

Olivia Hudson y sus Amigas

Prólogo

Tengo el honor de escribir el prólogo de este libro. Realmente pienso que si alguien debería escribirlo, debería ser yo. ¿Por qué? Porque he sido testigo de no sólo la cantidad de corazón y esfuerzo que se ha invertido en su creación; sino que he cosechado los más grandes beneficios del crecimiento y maduración que se ha producido durante su desarrollo.

Hace años, Olivia había soñado con escribir un libro que podría ayudar a los cónyuges de militares cristianos; porque después de que ella decidió convertirse en un cristiano, fue muy difícil para ella. Por desgracia, su sueño se descarriló por alguien cuya opinión valoraba en ese momento. Aunque mi esposa estaba desanimada, ella nunca abandonó sus convicciones de ayudar a otros a ver que caminar con Dios es la respuesta a cualquier situación.

Una de las ventajas de moverse tanto debido a mis deberes militares es la cantidad de amigos y relaciones que se han desarrollado a lo largo de los años. Estos son más que el "amigo" en los medios de comunicación social; estas son las personas a las que se les puede llamar para platicar y mantenerse en contacto en tiempos buenos y difíciles; también se les puede llamar cuando se necesita ayuda, tal y como fueron llamados para el desarrollo del libro que ahora usted está sosteniendo.

Este libro contiene en sus páginas a mujeres de varios caminos de la vida. Cuando usted se toma el tiempo para ir junto con ellas y compartir sus experiencias de la vida, descubrirá que tal vez ... sólo tal vez ... lo que está pasando ahora mismo en su vida le está moldeando por algo que está por venir, o tal vez el descubrimiento de nuevas fuerzas que usted no sabía que tenía.

Cuanto más cerca este libro llegó a la finalización, más cerca vi a mi esposa realizar uno de sus sueños, la publicación de un libro para ayudar a otras mujeres.

No fue un proceso fácil, pero ella lo abrazó. Abrazó la incertidumbre, y luchó contra las emociones que fueron revisitadas dentro de ella en su pasado para reunir los ingredientes que finalmente se convertirían en un refresco para que otros puedan beneficiarse.

Como yo ayudé con la edición de algunas de las historias, me acordé de que los ingredientes de la vida son buenos y malos; sin embargo, al final de cada lucha o desafío, no importa cuán grande o pequeño sea, vamos a aprender muchas lecciones y podremos compartir con los demás para que ellos puedan encontrar los sabores inesperados que a veces se esconden en los lamentables acontecimientos en nuestras vidas.

Haciendo Limonada es un libro que puede ser el endulzante que usted necesite para abrir su propio puesto de limonada.

Cory Hudson Sr.

AGRADECIMIENTOS

Quiero dar las gracias a Dios por darme exactamente quién necesitaba cuando los necesitaba para hacer esto posible.

Gracias a mi amado esposo e hijos que me han apoyado con palabras y acciones a través de el proceso de la realización de este libro desde el día que nació la idea.

Gracias a mis amigas Angela Moreno, Alisa Rolle, Mitsuyo Sprague, Tracey V. Paige, Candice Fathi y Zenja Glass que ofrecieron horas de su tiempo para ayudarme con la edición, ilustración y muchas ideas.

Gracias a mis padres por su apoyo y amor.

¡Gracias a todos los que oraron y caminaron conmigo en esta aventura!

A Dios sea la gloria!

ÍNDICE

Introducción

Desde que era pequeña, escribir ha sido siempre la forma de escapar de las tormentas en mi vida. Cuando escribo me siento libre, porque no me siento juzgada, no tengo que medir mis palabras o pensar en la gramática. No importa si tengo la expresión facial correcta o, incluso, si mis palabras tienen sentido. Escribir es lo que me ha mantenido soñando y lo que me ha dado esperanza para seguir adelante, no importa lo que pase en vida.

En 1996 me convertí en una cristiana, es la mejor decisión que he tomado en mi vida. Ahora sé que, cuando escribo, mis palabras no se van al vacío o se regresan a mí; sé que llegan a donde alguien que me quiere en las buenas y en las malas. Yo le expreso a Dios todos mis sufrimientos, mis miedos, mis alegrías, mis decepciones y aún mucho más. Con el tiempo, Él me ha ayudado a ser vulnerable y expresar también a otros todas estas cosas que he plasmado en mis escritos. En diferentes ocasiones, si alguien estaba pasando por un mal momento, yo sacaba uno de los escritos de mi diario y se lo compartía para hacerle saber que no estaba solo o sola. Cada vez que compartía alguno de mis escritos, me decían una y otra vez que debería escribir un libro, y he estado escuchando lo mismo durante 20 años. Tengo toneladas de páginas escritas sobre todas las cosas que he aprendido y sigo aprendiendo. Algunos de los temas sobre los que he escrito son:

- Cómo abrir nuestros corazones (así sea a la fuerza).
- Cómo recordar que eres una mujer casada y no una madre soltera (aunque tu esposo no esté presente porque su trabajo lo mantiene alejado de su hogar).
- Qué hacer cuando los niños están fuera de control.
- Cómo caminar el camino que Dios ha marcado con claridad para tu vida, cuando lo único que sabes es dónde empezar pero no dónde terminar
- Cómo abrazar a un hijo adoptivo que te hace daño porque está tan herido, después de que le abriste las puertas de tu corazón y de tu hogar.
- Cómo cuidar a la niña que está dentro de tí, que nunca fue cuidada de la manera que ella necesitaba para crecer segura de sí misma.
- Cómo encontrar fuerzas cuando todo lo que quieres hacer es darte por vencida.

A pesar de que he escrito sobre muchos temas, creo que, individualmente, cada uno no es lo suficientemente bueno como para dedicarle todo un libro; porque considero que todavía tengo un largo camino por recorrer y mucho por aprender en cualquiera de estas áreas.

Un día, mientras estaba en el carro con mi querido esposo, con el que he compartido 22 años, le pregunté: "Mi amor, tú sabes lo mucho que quiero escribir un libro y lo mucho que otros me han animado a hacerlo. Sabes también que me parece fascinante y me llena de fe ver cómo Dios puede usar algo que podría ser malo y volverlo en algo bueno. Tú sabes que mi deseo es ayudar a otras mujeres a ver que Dios es un Dios poderoso, lleno de amor y que Él nunca nos abandonará si lo ponemos en primer lugar en nuestras vidas. Tú, amor, que me conoces mejor que cualquiera en esta tierra ¿sobre qué tema me animarías a escribir?"

La respuesta que me dio es lo que me inspiró a escribir este libro: "Cariño, creo que tú estás tratando de encasillarte en un solo tema, estás tratando de pensar en lo que la mujer que lea tu libro quiere oír. El problema es que tú no eres el tipo de mujer que puede ser encasillada en un solo tema, eres muy diversa y eso es lo que te hace ser como eres. Tú tienes mucho para compartir con otras mujeres acerca de la vida y de cómo la has enfrentado. Así que, aunque suene poco original, pero yo te animaría a que escribas acerca de la vida... tu vida. Tú no tienes que encajar en un solo tema, normalmente tú piensas diferente a los demás y eso es lo que te hace quien eres. No te centres en un solo punto, enfócate en ser tú misma." Después de escucharlo le respondí: "Mi amor, creo que lo que me quieres decir es que sería muy complicado para mí enfocarme en una sola área, pero que sería más fácil enfocarme en las cosas que Dios me ha enseñado. Algo sencillo como... ¡Como hacer limonada!" y él dijo: ¡Sí! Así fue como nació este libro.

Este libro es una colección de historias sobre cómo he aprendido a "hacer limonada" en mi vida, pero no sólo yo, sino también algunas amigas cercanas que han compartido con nosotras algunas de sus "recetas para hacer limonada." Para mí ha sido un honor ver cómo Dios produce deliciosas limonadas en nuestras vidas y es un privilegio compartir en este libro algunos de esos milagros.

Espero que disfruten de mi puesto de limonada. Hay muchos sabores, pero todos tienen una cosa en común, que, aunque comenzaron con un limón (el ingrediente ácido), poco a poco se fue endulzando a medida que se le añadían el azúcar, el agua y los otros ingredientes. En nuestras vidas, no tendríamos limonada si no tuviéramos limones. En este libro, compartimos (y algunas veces incluso celebramos) la llegada de "los limones" que produjeron una deliciosa y refrescante limonada.

Mi oración por tí, mi amiga que lees este libro, es que abraces los limones que han llegado a tu vida, porque te han hecho quien eres. Oro también para que, algún día después de haber exprimido tus limones, disfrutes de una dulce limonada dándole la Gloria a Dios y recordando las palabras de Santiago 1:12 (TLA) *' Al que soporta las dificultades, Dios lo bendice y, cuando las supera, le da el premio y el honor más grande que puede recibir: la vida eterna, que ha prometido a quienes lo aman."*

1
Un Nuevo Comienzo

A los diecisiete años me fui a vivir a los Estados Unidos, huyendo de una vida disfuncional y dolorosa, en busca de una vida de amor y felicidad. Quería y necesitaba un nuevo comienzo. Aunque yo buscaba y necesitaba un nuevo comienzo, aprendí rápidamente que un nuevo lugar no significa un nuevo comienzo.

Durante toda mi vida, mi padre ha padecido de enfermedad mental. La falta de recursos en Panamá le impidió tratar su enfermedad con éxito. Él le hizo daño a muchas personas inintencionalmente. La vida en mi casa a veces era muy difícil, debido a la falta de orientación de mis padres respecto a cómo lidiar con el estado mental de mi papa. Mi mamá hizo todo lo posible para darnos una vida normal, pero a pesar de sus esfuerzos, la enfermedad de mi padre produjo muy pocos resultados creando un ambiente inseguro en nuestro hogar.

Mi madre, como la mayoría de las

mamás, quería lo mejor para sus hijos y estoy segura que mi padre también, pero lamentablemente no pudo ser el padre que él deseaba ser. A medida que mis hermanos y yo crecimos, mi mamá hizo planes para reubicarnos en los Estados Unidos. Ella creía que allí íbamos a encontrar un nuevo comienzo y la oportunidad de romper el legado que había afectado a nuestra familia por generaciones. Después de graduarnos de la escuela, trasladó uno tras otro a todos sus hijos a los Estados Unidos para vivir con diferentes miembros de familia.

Tomé un vuelo a Brooklyn, Nueva York en 1990, lista para emprender una nueva vida. Yo creía que le iba decir adiós a todo mi pasado el día en que subiera al avión en el Aeropuerto Internacional de Tocumen en Panamá. No sólo a mis amigos y a mi familia, pero también al trauma que yo había vivido allí durante mi niñez. Yo estaba tan feliz de comenzar una nueva vida.

En cuestión de semanas aprendí rápidamente que empezar de nuevo no iba a ser tan fácil. Estaba en un nuevo lugar, con gente nueva, teniendo la oportunidad de un nuevo comienzo. Pero este nuevo comienzo sólo expuso más quién era yo realmente, esa mujer de la cual yo estaba tratando de escapar. Expuso la mujer insegura, temerosa, manipuladora, deshonesta, arrogante y llena de preocupaciones que no confiaba en nadie. Esa era la mujer en la que me había convertido.

Habiendo dejado a Panamá, no significaba haber dejado de ser yo misma; y no importaba cuánto lo intentaba, no podía correr de mí misma. Como no podía huir de mí misma, desarrollé una manera para que los demás (incluida yo) pudiéramos ignorar la verdadera yo. Mi máscara me hacía aparentar ser perfecta. Esa máscara era tan potente y tan convincente, que ni yo misma hubiera podido decir quién era la verdadera yo si me la hubieran mostrado.

Aprendí a ignorar mi dolor y a preocuparme excesivamente por ayudar a mi prójimo. Permanecía tan ocupada porque tenía miedo de estar a solas conmigo misma.

En 1992 tuve a mi primer hijo y me casé. Ahora, yo tenía un esposo que me respetaba y me quería mucho, y también un hermoso bebé. Mi vida parecía estar tan bien, durante el día yo lograba enterrar momentáneamente mi pasado, pero de noche, cuando todo estaba callado y mi bebé y mi esposo dormían, yo lloraba inconsolablemente. Yo sabía que estaba sufriendo por dentro, pero me negaba a ser vulnerable y pedir ayuda para confrontar el dolor que me impedía ser completamente feliz. Tenía miedo de dejar que otros vieran quien era yo realmente, temía removerme mi mascara. No quería ser juzgada o mal entendida, también quería disfrutar el presente y todas las cosas buenas en mi vida.

Después de tener mi primer hijo, empecé a experimentar unos ataques donde mi cuerpo se ponía tan débil que hasta era difícil caminar y tenía que ser llevada a la sala de emergencia en ambulancia. Después de meses de pruebas tratando de llegar al fondo de estos ataques, el médico me dijo que estaba muy saludable y no tenía ni la menor idea de que me pasaba. Aunque no me gustó su diagnóstico, decidí no buscar una segunda opinión y tratar de encontrar la manera de vivir con estos episodios. Aunque tenía miedo de que algo realmente estaba mal en mí, en vez de ser vulnerable y exponer mis temores, seguí usando mi máscara de "estoy bien".

En 1996 me invitaron a la Iglesia Internacional de Cristo en San Diego California. Aceptando esa invitación, el curso de mi vida cambió y continúa cambiando. La gente que conocí estaba alegre y me hicieron sentir como si estuviera en mi casa. Conocí personas que no tenían miedo de hablar de sus luchas o las cosas que habían hecho mal en su vida, personas que parecían no importarles el "qué dirán". Esto me dejó perpleja. Como yo estaba buscando amigas, decidí ir a todos los eventos que los miembros de la iglesia me invitaban. Pasando tiempo con mis nuevos amigos, me di de cuenta de que enfrentar sus debilidades era su forma de vivir. Un dia me invitaron a hacer unos estudios personales de la Biblia con tres miembros de la iglesia, y fue así como encontré su secreto. Su secreto para enfrentar sus luchas y no tener miedo de traer a la luz las cosas buenas y malas estaba en imitar la vida de Jesús. A través de los estudios bíblicos, Dios abrió los ojos de mi corazón (Salmo 119: 18) y vi cosas maravillosas en su ley. Aprendí nuevas formas de lidiar con la vida, aprendí lentamente a quitarme mi máscara y no tener miedo a exponer la verdadera yo, y mientras lo hacía, sentí el amor y la aceptación que solo Jesús puede enseñarnos a dar a nuestro prójimo. Me enamoré de todo lo que Jesús representa. Jesús me mostró que yo no tengo que vivir con miedo al "qué dirán" o a ser juzgada y el 26 de mayo de 1996, tomé la mejor decisión de mi vida: hice a Jesús Señor y Salvador de mi vida y me bauticé.

Con Jesús siendo mi líder principal, aprendí a enfrentar los ataques de debilidad que me dan de manera diferente, en lugar de preocuparme porque no podía controlarlos, oraba. La oración me ayudó a no estar preocupada, pero no me quitó los ataques. Fui a buscar más ayuda con otros doctores para averiguar lo que estaba pasando, pero la respuesta siempre fue la misma, "no tenemos respuestas".

Una noche en el 2005, mientras compartía mi lucha de los ataques de debilidad con una de mis hermanas en Cristo, ella mencionó que posiblemente era algún tipo de ansiedad. Ella estaba familiarizada con la ansiedad porque ella sufría de trastorno obsesivo-compulsivo. Habían pasado diez años desde que empecé a luchar con estos ataques impredecibles, y por primera vez alguien me dio una pista. Después de hablar con mi amiga, busqué en Google para confirmar sus sospechas y luego de mucha investigación, concluí que yo estaba experimentando ataques de pánico, probablemente como resultado de los eventos traumáticos de mi pasado. Todo parecía indicar que la única solución era conseguir terapia. No estaba contenta con mi diagnóstico debido a la historia mental de mi papá, pero yo estaba ya cansada de sufrir de esos ataques.

Aunque yo tenía miedo de ir a una terapia, rápidamente hice una cita con un terapeuta y él confirmó mi investigación. Esto me llevó a un proceso largo y doloroso. Aprendí a sanar las heridas de mi pasado y enfrentar las cicatrices que me dejó. Aprendí a perdonar como nunca había perdonado antes, empezando con mis padres y después con todo aquel que me hirió en el pasado, incluyéndome a mí misma.

A través de mucha oración, apoyo espiritual y terapia, fui capaz de aceptarme a mí misma, que aunque algo en mí se había roto, con Dios todavía puedo ser útil. Algunos de mis sueños fueron robados, pero Dios me ha dado sueños nuevos; que con Dios puedo encontrar el perdón y perdonar a los que me hicieron daño y hacer las paces si es posible. Asistiendo a la terapia pude recordar que, para aceptar quien soy y llegar a ser cada día la mujer que deseo ser (una mujer que le agrada a Dios), nunca debo tener miedo de entrar en mi pasado.

Mis días de terapia semanal se convirtieron en meses, los meses en años y años se convirtieron en la curación de muchas heridas profundas. Después de años de oración, Dios hizo claro que yo necesitaba terapia intensa. Él salvó mi alma el 26 de mayo de 1996 y 10 años más tarde me trajo mucha paz y felicidad ayudándome a confrontar las heridas de mi pasado. El me dio un nuevo comienzo.

Estoy muy agradecida por los años de asesoramiento que recibí. Pude ver claramente a Dios como un Padre que ama y me protege. He desarrollado un agradecimiento más profundo por el sacrificio de Jesús. He construido amistades más profundas y más fieles, incluyendo la de mi marido. Aprendí a aceptar las cosas que no podía cambiar, incluyendo a mis padres, aceptándolos como son, no como yo quería que sean. Aprendí que no tengo que llorar sola. Pero, la lección más importante que aprendí es que podemos escondernos y hasta correr de nuestro dolor, pero con el tiempo este nos encontrará.

Dios me ha enseñado que si me enfrento a mi dolor en vez de huir de él, las bendiciones serán increíbles, y hasta pueden incluir un nuevo comienzo.

Olivia Hudson

2
¡Entre LA ESPADA y LA PARED!

Me tomó varios años darme cuenta que uno de los mejores lugares para estar es entre la espada y la pared, porque sólo entonces, verdaderamente yo fui capaz de ver a Dios trabajando en mi vida.

En el pasado, era muy fácil para mí solucionar mis propios problemas, encontrando soluciones que me ayudarían a controlar y manipular las situaciones, de manera que yo lograría cumplir mis deseos. Esta es una de las principales razones por las cuales yo creo que la Biblia dice en Mateo 19:24 *"De hecho, le resulta más fácil a un camello pasar por el ojo de una aguja, que a un rico entrar en el reino de Dios."* Se preguntarán ¿por qué? Porque el "hombre rico" creía que tenia todos los recursos disponibles para arreglar sus propios problemas. Él, en esencia, con todas sus riquezas, talentos y pertenencias se convirtió en su propio Dios.

Detengámonos a pensar en esto por un momento. Nosotros no somos diferentes al "hombre rico" al cual Dios se refiere.

Puede que no tengamos millones; no obstante, tenemos comida en la mesa, un lugar en donde recostar la cabeza, un carro, un trabajo (o alguna fuente de ingreso, incluso si es provisto por el gobierno), tenemos talentos y, como el "hombre rico", algo de éxito. Por lo tanto, como aquellos que son "ricos", esto puede hacer que se nos dificulte ver nuestra necesidad de Dios, porque algunas veces, podemos permitir que esas bendiciones se conviertan en nuestro dios.

En el libro de Hebreos 12:11, la Biblia nos enseña, *"Ciertamente, ninguna disciplina, en el momento de recibirla, parece agradable, sino más bien penosa; sin embargo, después produce una cosecha de justicia y paz para quienes han sido entrenados por ella."* !Gracias a Dios por el "campo de entrenamiento"! Yo le agradezco por haberme inscrito para entrenar temprano en la mañana, aún cuando no quería ir. Yo he tenido que confiar que Dios sabe las batallas con las que me voy a enfrentar en el futuro, y Él sabe que tipo de entrenamiento (o disciplina) necesito para enfrentar esas batallas. Yo tengo que confiar en Su programa de entrenamiento, y aceptar los obstáculos que Él permite en mi vida... para Mi propio bien.

¿Puede imaginar su vida sin ninguna disciplina? ¿Puede imaginar cómo sus hijos podrían ser si todo lo que quisieran se les diera inmediátamente? Más importante aún, ¿Puede imaginar cómo respondería durante una prueba difícil (ej. una crisis financiera, una enfermedad, etc.) si nunca hubiera sido entrenado a sobrellevar las dificultades? Eso es el equivalente a correr una maratón sin ningún tipo de preparación. ¿Entiende el punto?

Yo tengo una amiga que lleva una vida muy cómoda. En cierta ocasión ella me confesó, "Yo nunca he estado en una situación en donde haya visto a Dios como mi única opción." Hasta el día de hoy sus palabras todavía resuenan en mi cabeza. Cuando la escuché, primero me sentí tentada a pensar que Dios me amaba a mí menos. Pero luego me dije a mi misma, El amor que Dios me da es justo a mi medida, y estoy agradecida por las pruebas por las que he tenido que pasar porque, sólo entonces, he sido verdaderamente capaz de contemplar Su majestad y ver Su liberación.

Uno de mis pasajes bíblicos favoritos sobre cómo responder a los "problemas" es Romanos 4:18-21 *"Contra toda esperanza, Abraham creyó y esperó... Su fe no flaqueó... no vaciló como un incrédulo, sino que se reafirmó en su fe... plenamente convencido de que Dios tenía poder para cumplir lo que había prometido."* Si usted alguna vez ha sido liberado de una prueba extremádamente difícil, este pasaje debería darle escalofríos!

Cuando usted no tiene más opciones, y no puede ser rescatado por sus talentos, su belleza, su inteligencia, su carrera, su fuerza, sus relaciones, sus bienes materiales, su cuenta bancaria; y la única opción es mirar hacia arriba, ver a Dios e invocar Su nombre, ¡alabe a Dios! Porque usted va a ver no sólo Su rescate, usted va a descubrir rápidamente que fue Él quién lo estaba cargando, y que fue Él quién le permitió primeramente tener esos recursos y esos atributos.

Yo estoy hablando por mi propia experiencia, por si acaso usted se lo está preguntando. Yo fui abusada siendo una niña pequeña, y en muchas ocasiones también ví a mi mamá siendo abusada físicamente. En efecto, una noche, nosotras fuimos atacadas por el hombre que era su pareja en ese momento y tuvimos que huír para salvarnos. Cuando tenía escasos 11 o 12 años, mi mamá y yo estuvimos viviendo en las calles para escapar de su abuso. Resultamos viviendo en el centro de Milwaukee, Wisconsin sin un sólo centavo en los bolsillos. La mayor parte de mi juventud, yo crecí recibiendo ayuda del gobierno. Un año tuvimos que mudarnos 20 veces porque no teníamos para pagar el arriendo o porque estábamos escapando del abuso.

Yo podría continuar describiéndoles

mi "campo de entrenamiento", pero lo que realmente importa es el resultado. Porque Dios me rescató y me sostuvo durante esos tiempos, yo aprendí cómo ser disciplinada, cómo perseverar, y lo más importante, cómo esperar lo imposible cuando todas las apuestas estaban en contra mía. Como resultado de la Gloria de Dios, cuando era adolescente me hice Cristiana. Como resultado de la Gloria de Dios, yo fui bendecida graduándome de la Universidad. Irónicamente, yo estudié en la Universidad que queda cerca a la misma estación de bus en donde yo solía pararme. (Universidad Marquette). Yo sigo creciendo, aprendiendo y buscando a Dios para que guíe mi vida constantemente y yo pueda ayudar a los que estén necesitados.

Yo le doy gracias a Dios porque Él sabe el tiempo perfecto para ponerme entre la espada y la pared porque yo necesito que me recuerde constantemente que Él existe, que Él se interesa por mí, y que hasta el día de hoy, Él me ha librado de todos mis problemas. El Salmo 50:15 dice: *Invócame en el día de la angustia; yo te libraré y tú me honrarás.*" Yo he aprendido de muchos años de haber sido rescatada y haber sido "refinada en el fuego" (1 Pedro 1:7) esto es bueno, por lo que ha producido en mí. Por esta razón, Yo le agradezco a Dios por Sus planes para mi vida y por Su entrenamiento. Yo no puedo imaginar dónde estaría si nunca hubiera experimentado verlo a Él como mi única opción.

Zenja Glass
www.UnlockingGreatness.com

3
Una Nueva Etapa De La Vida

Allí estaba yo en compañía de amigas, disfrutando de la despedida de soltera de mi amiga. Me estaba divirtiendo mucho, hasta que una amiga que apenas estaba conociendo dijo algo que hizo que el resto de mi tiempo pasara muy lento. Usted pensará que alguien me dijo algo desagradable, o que alguien hirió mis sentimientos, pero ese no era el caso, lo que dijo me puso en una nueva etapa de la vida.

Mi pasión por ayudar a las mujeres me condujo hacia una amiga y hermana en Cristo que estaba casada durante unos meses y tenía 20 años de edad. Semanalmente caminábamos y platicábamos. Por la gracia de Dios tuve la oportunidad de impartir un poco de sabiduría de mis veintidós años de matrimonio con mi amiga que actualmente está en sus veintes. Mi amiga preguntó si mi marido y yo podríamos guiarlos a ella y a su marido y con gusto le dijimos que sí.

Mi amiga vivía alrededor de una hora y media de distancia de su madre, y aunque su madre deseaba pasar más tiempo con ella, le era imposible hacerlo. Cuando la mamá de mi amiga se enteró de que yo estaba pasando mucho tiempo con su hija, proporcionándole orientación y apoyo, ella estuvo muy agradecida.

Como madre me identifico con sus sentimientos porque no importa que tan grandes sean mis hijos, si alguien toma el buen cuidado de mi "bebé" esa persona se gana mi corazón. Eso es exactamente lo que pasó, me había ganado el corazón de la mamá de mi amiga, aunque sólo nos habíamos visto una vez. Durante la despedida de soltera estaba hablando con la mamá de mi amiga, como si fuéramos viejas amigas y ella volvió a expresar la gratitud que sentía por mi amor a su hija. Mientras hablábamos mi amiga entró a la fiesta, cuando su madre la vio, ella la saludó diciendo; "Hola hija, mira somos tus dos mamás" Creo que su mamá debió sentir mi cambio de energía porque ella rápidamente cambió a: "Quiero decir tu mamá y tu madre espiritual". Me reí de de lo que dijo, pero pensé: crees que soy como una madre para tu hija.

Más tarde, por la noche le dije a mi esposo lo que pasó y me dijo: "muy interesante." Su breve respuesta me hizo cavar más profundo en ese comentario.

Así que a los pocos días le comenté a alguien, quien es mayor y más sabia que yo, sobre esta extraña interacción. Después de escucharme, ella me preguntó: "Bueno Olivia parece que estás sorprendida, así que déjame preguntarte, ¿cómo te ves a ti misma en esta relación?" Yo le respondí: como una amiga que ayuda a una amiga, no como una madre ayudando a su hija. Ella dijo entonces: "Olivia, tu amiga es tan sólo un par de año mayor que tu hijo mayor." Yo le respondí: "Oh Dios mío yo podría ser la madre de ella. Soy una mujer mayor." Era el momento de aceptar que soy mayor de 40 años. Mi sabia amiga dijo: "No te preocupes eres joven en el corazón, esta información es buena para que al menos te des cuenta de cómo las mujeres jóvenes te ven." Yo ya no era una chica joven sino una señora mayor.

Decidí estudiar lo que significaba ser "una mujer mayor". Estudié Tito 2:1-5, pero esta vez mirándolo desde el papel de las mujeres mayores. Era diferente, ya que siempre lo había mirado desde la perspectiva de las mujeres jóvenes. Había una expectativa diferente para las mujeres mayores en Tito. Las escrituras dejaron claro que mi papel como una mujer mayor es de dar ejemplo, y enseñar a las mujeres jóvenes en las cosas que deben practicar todos los días. Cosas que no conducirán a nadie a difamar la Palabra de Dios.

Después de estudiar más en detalle sobre mi papel como una mujer mayor, le pregunté a tres mujeres jóvenes cristianas casadas, a quienes había conocido durante unos meses, si estaban dispuestas a permitirme enseñarles lo que he aprendido en los últimos 22 años de ser una discípula, un madre, una esposa, una amiga y una hija. Compartí que todavía tengo un largo camino por recorrer, pero quería vivir Tito 2 y que sería un honor si me permitieran practicar con ellas. Ellas respondieron en unanimidad, "¡Nos encantaría!"

Tomar conciencia del hecho de que he entrado en el club de las mujeres mayores fue muy humillante. Yo vengo de un pasado inestable, como mujer joven (¡todavía sigo siendo una mujer joven, depende con quién estoy hablando!) cometí muchos errores y todavia los cometo. Estoy asombrada de cómo Dios ha transformado mi vida, siguiendo Su camino, Èl ha llevado mi vida a tener una historia diferente, comparada con la que podría haber tenido. En esta historia tengo algo que enseñar a las mujeres más jóvenes que yo. Dios es tan bueno conmigo y estoy disfrutando esta nueva etapa de la vida. Ya que estoy aprendiendo a abrazar esta nueva etapa de la vida, me gustaría concluir con las palabras de un libro, "Amo el Volverme más Viejo, Pero Nunca voy a Volverme Viejo." Por Kalas J. Ellsworth. *"Incluso en su mejor momento, nuestra vida en esta tierra es aquella en la que, como Robert Browning puso, ---- nuestro alcance debe superar nuestro entendimiento, "o para que está el cielo." Estamos casi seguros de dejar esta vida con alguna tarea sin terminar, algunos sueños sin cumplir, algunos pesares siguen volando sobre el alma como una mosca en un día sudoroso. En los momentos de tal realización debemos pedir la ayuda de Dios para subir al Monte Nebo, y dar gracias. Lo que sea que esta vida ha sido, por la gracia y la misericordia de Dios, lo mejor está por venir."*

Olivia Hudson

4

911---- ¿Cuál Es La Naturaleza De Su Emergencia?

Sólo he llamado al 911 dos veces en mi vida: Una vez en las primeras horas de la mañana por que mi papá tenía problemas para respirar y otra vez cuando encontramos una zarigüeya en nuestro baño a las 2 a.m. Ni siquiera pregunte acerca de la zarigüeya --- esa es otra historia. Sin embargo, cada vez que llamaba, era mi última opción --- no es lo primero en lo que pensaba. Yo suelo responder a las situaciones con la mente fría. He sabido "aguantarme" muchas situaciones.

En el año 2000, me encontré llamando a Dios quien es mi línea telefónica de emergencia. "¿Cuál es la naturaleza de su emergencia?", fue la respuesta. Le dije: "Padre, yo no quiero estar aquí. No quiero pasar por esto. ¡Por Favor! Este no es mi problema." La respuesta de Dios fue "OK, yo te ayudaré. Voy a enviar una ambulancia, pero prepárate porque esto va a doler." Déjeme ponerlo al tanto con los detalles acerca de cómo llegué a tener que marcar el "911 Dios." Mi esposo se había ido a una reunión de líderes en nuestra iglesia. Durante la reunión, anunciaron planes para un nuevo programa, "CR" (o grupo de Recuperación Química) que se llevaría a cabo en Boston, Massachusetts. En ese momento estábamos viviendo en New London, Connecticut (que estaba a dos horas de distancia de Boston).

Después de la reunión, mi esposo se vio motivado a participar. Estaba dispuesto a hacer frente a los problemas que le habían llevado a abusar del alcohol en su pasado. Él me pidió que le acompañara a la reunión en Boston. Acepté ir --- después de todo, eso era muy bueno ya que él se estaba conectando con los problemas de su pasado. Como yo era la reina de la negación, no fui a la reunión con un corazón dispuesto a aprender o ser conmovido. Fui porque mi esposo me pidió que viniera.

Cuando llegué a la reunión, inmediatamente me quería ir. No podía creer que estaba frente a un cuarto lleno de personas que lastiman a otros, una sala llena de alcohólicos. Esto fue tan duro y me trajo mucho dolor, pero yo no estaba dispuesta a lidiar con nada de mi dolor. Mientras estaba sentada allí, pensé en el hecho de que tanto mi padre como mi esposo han sufrido con problemas de alcoholismo. Los asistentes a la reunión hablaron sobre el dolor que habían causado a los demás justo como mi padre y mi esposo lo habían hecho hacia otros y hacia mí. Era tan difícil sentarme durante todo el encuentro, pero me esforcé y lo logré. Yo sabía que era crítica y muy insolidaria con mi esposo, pero no sabía cómo manejar el dolor. No aprendí cómo manejar el dolor sino hasta un tiempo después de trabajar conmigo misma. Así que, por desgracia, hice lo que mejor sabía: me volví egocéntrica y me di por vencida.

A pesar de mis acciones, mi esposo asistía constantemente al grupo de recuperación. Siempre estaré agradecida por el amigo que asistió a todas las sesiones con él y le ayudó a lo largo del camino. En el grupo CR se les pidió a los participantes escribir un diario listando cada uso del alcohol y / o drogas y sus consecuencias. Todavía recuerdo el profundo dolor que mi esposo sentía conforme entró en contacto con la destrucción y consecuencias de sus elecciones.

Al igual que mi esposo había necesitado un amigo para asistir a las reuniones con él, más tarde otra persona me necesitaba de la misma manera. Una hermana en Cristo necesitaba un socio para asistir a reuniones con ella y ser su apoyo a lo largo del camino. Otras dos hermanas habían intentado asistir con ella, pero era demasiado difícil para ellas. Asumí el reto y estoy muy agradecida de que lo hice. Dios me tenía exactamente donde yo necesitaba estar.

Ver a mi hermana trabajar a través de su dolor, le permitió a mi corazón ablandarse del resentimiento y falta de perdón hacia mi esposo y mi padre. Aprendí a mostrar compasión hacia estas personas mientras las veía lastimadas y que sentían tal desesperación e impotencia sobre su naturaleza adictiva. Antes de asistir a las reuniones, no había tenido compasión por ellos. Cada vez que una diaro era leído, lloraba porque era tan obvio que les dolía a estos adictos las malas decisiones que habian hecho por su adicción. Había tanto dolor en esa habitación.

Con el tiempo mi corazón se hizo más blando y, eventualmente, Dios me dio el coraje y la valentía, de hablar con mi esposo sobre el daño y el dolor que había sentido como consecuencia de su adicción. Fue realmente un milagro que, con el tiempo, nuestras conversaciones sobre el dolor nos llevaron a perdonarnos el uno al otro.

Dios envió a la ambulancia (El Grupo CR) y sí dolió, pero ahora estamos sanados. ¡Ambos! Hoy disfruto de un matrimonio increíble debido a la sanidad que tuvimos durante ese tiempo.

Después de que mi esposo se graduó del programa, ambos fuimos a liderar el grupo de recuperación para nuestra iglesia.

Muchos amigos también han disfrutado de este regalo de sanidad.

Dona Casey

5
UN MOMENTO QUE NO OLVIDARE

Mi padre sufre de esquizofrenia, lo que significa que nunca he tenido un padre consistente. Lamentablemente, el padre que deseaba y necesitaba, nunca estaba disponible. Toda mi vida he anhelado conectarme con mi papá, hablar con él, pedirle consejos y no tenerle miedo. A veces mi papá descuidaba su salud mental y eso lo hacía muy violento. Yo oraba muchas veces por un milagro, por un papá como yo siempre lo soñaba.

En enero de 2014, Dios bendijo los deseos de mi corazón y contestó mi oración. Sólo fueron cuatro días, pero fueron los mejores cuatro días de mi relación con mi papá. Dios le permitió a mi papi tener un momento de lucidez en el que llegué a tener lo que siempre deseaba: una conexión con mi papá.

Después de escuchar la noticia de que mi padre no estaba bien y que no había comido por un par de semanas, viajé a Panamá inmediatamente. Las palabras exactas de mi tío eran "tu papá parece un muerto viviente, él no se ve bien."

Todos los que lo conocían estaban preocupados y todos sabíamos que si no se hacía algo rápido se iba a morir. Mis hermanos, mi madre y yo comenzamos a discutir cómo ayudar a mi papá. Todos vivimos en los EE.UU. y él vive en Panamá porque no está dispuesto a mudarse. Mientras hablábamos, me di cuenta de algo: que mi padre podría morir y a pesar de todo el daño que había hecho y toda la gente que había lastimado, yo lo amo y esa era la única cosa que quería decirle antes de que él se fuera de este mundo, pero no por teléfono, sino personalmente.

Yo quería que mi papá supiera cuánto lo amo, que lo perdono y lo acepto y que siempre voy a estar pendiente de él. Yo quería que él supiera que le he enseñado a mis hijos a aceptarlo y amarlo no como el abuelo que les gustaría, pero como el abuelo que tienen. Yo necesitaba compartir mi corazón con mi papá personalmente. Mis sentimientos eran tan fuertes que, después de consultarlo con mi marido, viajé a la primera oportunidad que tuve. Mi hermano accedió a sacar tiempo de su trabajo, para que yo no tuviera que ir sola.

Cuando llegamos a Panamá, mi tío nos recibió en el aeropuerto y nos llevó a la casa de mi papá. Mi papá vive solo, aunque no debería. Cuando vi a mi papá mi corazón se derrumbó, el hombre que me vio crecer ya no estaba allí. El que me encontré fue un hombre débil que casi no podía caminar y sin sonrisa. El gritó porque estaba contento de vernos. Aunque estaba sorprendido de que viajamos a verlo, me dijo en voz baja que él tenía una ligera sospecha de que algo estaba pasando.

Dentro de su hogar lleno de telarañas encontramos un lugar para sentarnos y hablar, le dije lo mucho que lo amaba. Mientras hablaba, las lágrimas fluían de mis ojos y el trató de consolarme diciéndome, "no llores hija, estoy bien." Rápidamente me sequé las lágrimas y le dije: "Papá no estás bien. Mírate y mira este lugar. ¿Qué está pasando? Mi padre tuvo la oportunidad de compartir conmigo lo que había en su corazón. Él me dijo: "He hecho tanto mal en mi vida hija y le he hecho daño a tanta gente. No fui un buen padre o esposo y no traté bien a la gente. Tengo hijas y yo nunca caminé con ellas al altar para entregárlas a sus esposos. Yo creo que Dios me está usando como un ejemplo de lo que sucede cuando alguien hace tanto mal en este mundo."

Me conmovió tanto la forma como él compartió conmigo lo que había en su corazón. Tenía tanto dolor, que sentí una gran compasión por él y deseaba aliviarlo de ese dolor que estaba sintiendo. Sabía que no tenía el poder de curar a mi papá de tal sufrimiento y que sólo Dios podía hacerlo. Después de escucharlo, le respondí que tal vez Dios quería regalarle una historia diferente en su vida, una historia en la que Él le muestre al mundo lo que sucede cuando un pecador se arrepiente. Mi papá me respondió; "Olivia he hecho demasiadas cosas malas." Le pregunté si estaba arrepentido y me dijo que sí. Le dije que yo lo perdonaba, pero que él tenía que encontrar la manera de perdonarse a sí mismo.

Por primera vez en mi vida, tuve el valor de decirle a mi padre que yo creía que él nunca había aceptado su enfermedad mental. Él me dijo que probablemente tenía la razón. Hablando con mi padre de la manera en que hablamos fue tan increíble. Debo confesar que, aunque llevaba años orando para poder hablar con mi papá como lo estábamos haciendo, mi fe de que esa oración se cumpliría era muy pequeña. Sin embargo, siempre mantuve un grano de mostaza de fe (Mateo 17:20) y de vez en cuando oraba para que Dios hiciera un milagro con mi papá. ¡Y Dios lo hizo!

Yo fui testigo de escuchar a mi papá pedirme perdón y confesarme todo el dolor que sentía por el daño que había hecho, todo el arrepentimiento que tenía por pensar más en sí mismo en vez de lo que era mejor para su familia. Fue un milagro y lo maravilloso fue que Dios me eligió a mí para estar allí.

El resto de mi tiempo allí fue

increíble. Leímos la Biblia juntos, oramos e incluso vino conmigo a la iglesia. También fuimos a ver a su médico para ponerlo al día con sus medicamentos, visitamos a varios familiares y fuimos a comprar ropa para él. Había perdido tanto peso que se le caían los pantalones. Después del servicio de la iglesia, lo llevé a un buen restaurante a comer, regresamos al hotel donde yo me quedaba y hablamos por muchas horas.

La noche antes de irme, mi papá me preguntó si yo me estaba muriendo. Dijo que había algo diferente en mí, la rapidez con la que viajé al escuchar sobre el estado en el que se encontraba, la forma en que hablé con él, la forma en que hablo de Dios... Fue tan maravilloso poder decirle que yo no me estaba muriendo, que solo había venido a decirle que lo amo y que yo soy lo que soy hoy en día debido a que estudio la Biblia y quiero ponerla en práctica.

Abrí la Biblia y compartí muchas escrituras con él sobre el amor de Dios. Él dijo: "Olivia, yo sé lo que tengo que hacer. Es duro y tengo miedo porque tengo mucho que cambiar." Terminamos nuestra conversación y nos fuimos a la cama.

Mi copa estaba llena de gratitud por el tiempo que Dios nos permitió pasar juntos.

En el aeropuerto me despedí dándole un beso y un fuerte abrazo, pero me di cuenta que él estaba triste. Yo estaba triste también, sinceramente no quería que ese momento finalizara porque lo estuve esperando por muchos años. Hoy en día, tristemente mi padre ha perdido su momento de lucidez y ha vuelto a su paranoia y personalidades múltiples; de hecho, me estoy preparando para ir a verlo porque no está siendo responsable con tomar sus medicamentos y está creando un montón de problemas. Espero suplicarle que vaya a ver a su médico de salud mental consistentemente.

La verdad es que, mientras escribo esto, me siento como en duelo porque sé que a lo mejor nunca tendré de nuevo un momento como cuando mi padre y yo hablamos, igual al que yo imaginaba en mis sueños. Pero hay otra verdad que celebraré cada vez que me ponga triste por la situación de mi papá: Dios ha sido bueno conmigo. Él me concedió el deseo que había en mi corazón con respecto a mi relación con mi papá. Por cuatro días pude conectarme con mi papá. Durante cuatro días mi padre no era esquizofrénico. Fue el padre que mi corazón deseaba y este recuerdo lo llevaré en mi corazón para siempre.

Lamentablemente la salud mental y fisica de mí padre se está deteriorando y no sé si le quedan meses o años de vida. Cada vez que recibo una llamada de él, respiro profundamente porque yo sé que un día voy a escuchar que se ha ido de este mundo. Le doy gracias a Dios que cuando ese día llegue lo recordaré no como el hombre que causó dolor a otros o a mí, pero como el hombre que trajo sanidad a mi corazón un día caluroso de Enero del 2014 en una habitación de hotel en Panamá.

Olivia Hudson

6
Bendiciones Inesperadas

Mi segundo hijo, Miles Winston Grossett, estaba supuesto a nacer justo antes del día de Acción de Gracias. Era lo mejor que le había sucedido a nuestra familia de tres. Floyd, Riley (su hermano mayor de siete años de edad) y yo habíamos llorado, orado y esperado durante varios años, ya que sufrimos al haber pasado por cuatro abortos involuntarios antes de Miles.

Recuerdo que cuando estaba embarazada del bebé que se convertiría en Miles, me preguntaba si él también sería otro niño que nunca iba a conocer. Me sentía robada como madre. Tuve cuatro bebés que nunca conocí. Yo nunca podría tocar sus dedos de los pies o frotar mi mejilla junto a la de ellos. El dolor de sus vidas que no existian era agonizante. Era difícil de creer que en realidad podría suceder en este quinto intento - que un bebé crecería dentro de mí una vez más, y nacería.

Leí un artículo sobre cómo las madres que han sufrido un aborto tienen dificultades para dar su corazón a sus iguientes hijos, porque sienten que están traicionando a los que no nacieron. Esa era yo. Me sentía culpable por estar embarazada de nuevo y de que el embarazo estaba yendo tan bien. Tenía miedo de que mis hijos que habían muerto fueran olvidados.

El punto de inflexión en mi embarazo con Miles vino cuando se me ocurrió que si esos otros niños estuvieran vivos, estarían encantados de que estaba embarazada de su hermano o hermana. ¡Ellos estarían tan emocionados de esperar tener un nuevo bebé en nuestra casa! En ese momento fui capaz de dar por completo mi corazón a Miles, y creer que en realidad lo conoceríamos.

Durante ese tiempo de dolor y confusión, aprendí a ver la vida desde el punto de vista de Dios. Me di cuenta de que para Dios, todas las vidas tienen valor sin importar el tiempo que duren. La vida debe ser celebrada, ya sea si alguien vive por un día en el vientre o 100 días en la tierra - o incluso 100 años. Decidí estar agradecida por todos los hijos que Dios me diera, sin importar cuánto tiempo vivieron, o si pude conocerlos o no.

Miles nació con casi dos semanas de retraso en el primer día de diciembre. ¡Estábamos locos por él! Miles había llegado – lo podíamos sostener en nuestros brazos y sofocarlo con nuestros besos. Me gustaría poder decir que vivimos felices para siempre sin la amenaza de más niños que murieran. Pero cuando tenía tan sólo nueve días de edad, Miles yacía inconsciente en una mesa de cirujía mientras que una cirujana realizaba un operación que le salvó la vida a Miles.

Sin necesidad de decirlo, después de todo lo que habíamos pasado para que Miles naciera, nuestra fe fue probada de manera increíble cuando nos enteramos de que él había nacido con un defecto potencialmente mortal. Cómo logramos pasar a través de este tiempo espantoso, es la historia que les quiero contar.

Un día, poco después de que él naciera, Miles dejó de comer en medio de la noche. Traté de amamantarlo sin éxito durante varias horas hasta casi el mediodía del día siguiente. Y él estaba tan somnoliento - no podía mantenerlo despierto. Luego vino el vómito en proyectil, en ese momento llamé al doctor. Esa llamada telefónica puso en marcha una cadena de acontecimientos que nunca voy a olvidar.

En menos de dos horas, Miles y yo estábamos en el consultorio del pediatra. Le expliqué que no se estaba amamantando y que me era difícil mantenerlo despierto. Luego, con una mirada sobria en su cara - y para mi sorpresa - nuestro pediatra me mandó a llevar a Miles inmediatamente a la unidad de cuidados intensivos neonatales (UCEN) de nuestro hospital local. Me dijo que Miles estaba "muy enfermo" y que él no sabía si el problema era con su sistema nervioso o el sistema digestivo.

En la UCEN, Miles fue removido de mis brazos y su pequeño y recién nacido cuerpo fue atado a una cama de hospital. Los cables estaban por todas partes, envolviéndolo y conectándolo a máquinas ruidosas. Yo todavía estaba aferrada a la idea de una solución fácil. ¿Había sido el brócoli que me había comido el día anterior que podría ser el problema? Sostuve su cobija y esperé a mi Floyd.

Después de varias horas, el especialista de la UCEN, pidió nuestro consentimiento para tomar a Miles en ambulancia al Centro Médico de la Universidad de Yale a una hora de distancia de nuestra casa. Había pruebas que podrían realizarse en Yale para diagnosticar correctamente a Miles, que no estaban disponibles en nuestro hospital local. Mi corazón se partió cuando supimos que no podíamos ir en la ambulancia con él, así que seguimos a la ambulancia con su asiento vacío en el auto.

En Yale, nos reunimos con la cirujana de guardia. Su personal preparó a Miles con imperturbable urgencia para pruebas. Ellos nos dieron amables palabras de seguridad.

Floyd y yo nos esforzábamos por comprender el nuevo vocabulario utilizado para describir lo que iban a estar haciendo con nuestro hijo. La respuesta llegó: los intestinos de Miles estaban retorcidos y se obstruyeron debido a un defecto de nacimiento y necesitaba cirugía. No había sido capaz de retener los alimentos, ya que no tenían a dónde ir. A las diez en punto de esa noche, alrededor de doce horas después de mi primera llamada telefónica a su pediatra, Miles estaba siendo preparado para la cirugía que corregiría el problema.

Floyd y yo llamamos a Riley y él me hizo una de las preguntas más difíciles que he tenido que responder como madre. "¿Mi hermano va a morir?" ¿Qué podía decirle? La cirujana había sido positiva y nos aseguró que Miles estaría bien. Pero ya habíamos perdido a cuatro de los hermanos o hermanas de Riley a quienes nunca habíamos conocido. Miles era el bebé que se suponía que no debía enfermarse y morirse.

Mientras esperábamos, Floyd y yo nos rendimos a la idea de perder a Miles. Y me acordé de mi decisión antes de que Miles naciera, de celebrar una vida sin importar el tiempo que durara. Le dije a Riley: "Todo va a estar bien, ya lo verás."

Al igual que en una película, la cirujana salió de la sala de operaciones cuando terminó y el mundo se detuvo. Escuchamos, como en un sueño, su explicación de que los intestinos de Miles estaban ligeramente retorcidos y que había habido un daño mínimo ya que nos habíamos dado cuenta de su condición a tiempo. La oímos decir que la cirugía fue un éxito, y sentimos un gran alivio. Miles ya no estaba en peligro.

Mientras Miles se recuperaba en el hospital hubo altibajos. En un momento, cuando todo el mundo esperaba que progresara, parecía ir hacia atrás. Fue desgarrador imaginar que se le realizaran más procedimientos invasivos y más agujas en su pequeño cuerpo si no se recuperaba lo suficientemente rápido. Durante este tiempo, hice la pregunta que ya no podía contenerse: "Dios, ¿por qué? ¿Por qué Miles nació con intestinos que no funcionan? Ya he perdido a otros cuatro hijos - ¿por qué esta prueba?"

Me acordé de la interacción de Jesús con un hombre que era ciego de nacimiento. Aquí estaba alguien que tenía un defecto de nacimiento como mi hijo. Los discípulos de Jesús le preguntaron que quién había pecado - el hombre o sus padres. Yo podía entender la maraña de sentimientos detrás de su pregunta. Es tan fácil querer asignar la culpa en una situación como esta - culparnos a nosotros mismos e incluso culpar a Dios. Jesús dijo: *"Ni él pecó, ni sus padres, sino que esto sucedió para que la obra de Dios se hiciera evidente en su vida. "*

Juan 9:3.

Después de meditar sobre las palabras de Jesús, me entregué a esta regla de vida espiritual: que algunas cosas suceden o no suceden para que el trabajo y el poder de Dios sean evidentes en nuestras vidas. Lo que comienza como una maldición se puede convertir inesperadamente en una bendición. Cuatro niños a quienes nunca había conocido se convirtieron en una bendición para mí, ya que espero verlos en el cielo. Si un defecto de nacimiento puede mostrar la obra de Dios en la vida de Miles, entonces yo sabía que nada de esto sería en vano si podíamos seguir confiando en un Dios que siempre está trabajando - a veces de una manera invisible - para el bien.

Hoy, Miles es un niño sano de cinco años de edad. Él es juguetón, curioso e inteligente. No tiene idea de lo frágil que una vez fue su vida. Pero tal vez ese es el punto. Todos estamos a merced del tiempo de Dios, y sin embargo, a pesar de eso hay que vivir sin dudarlo, movernos hacia adelante con valentía en tiempos difíciles, y esperar pacientemente que Dios muestre su grandeza en cada una de nuestras vidas.

Tamara Grossett

7
La Historia De Una Cenicienta

De niña, soñaba con tener la boda de mis sueños, pero, lamentablemente, he tomado elecciones que no resultaron en lo que mi corazón deseaba. Mi esposo y yo nos casamos... en su hora de almuerzo. Loco, lo sé pero eso es otra historia.

Después de tres años de matrimonio juntos decidimos que Dios fuera quien nos guiara como esposo y esposa. Su amor y gracia nos ha permitido disfrutar de años de amor, lealtad y fidelidad el uno al otro.

Un día le dije a mi esposo que quería ahorrar dinero para celebrar cuando llegáramos a los veinte años de matrimonio. Él aceptó con alegría y empezamos a ahorrar.

Pasaron los años y estábamos a meses de la celebración de los veinte años de matrimonio. Habíamos ahorrado suficiente dinero para tener una recepción de Cenicienta.

Fue tan divertido planear tal ocasión. Eventualmente todo se hizo. Las instalacions y el servicio de banquete fueron elegidos, nuestra lista de invitados estaba completa, y habíamos hecho arreglos para recoger a nuestros invitados en el aeropuerto. Nuestra coordinadora, Annie Fields, ¡fue estupenda! Ella hizo todo lo posible para que mi esposo y yo no tuvieramos que preocuparnos de nada y simplemente disfrutáramos de ese momento.

La manera como planeamos el programa de la noche de la fiesta, incluía sorprender a nuestros invitados haciendo un baile especial. Un baile que representaría cómo nos sentíamos sobre nuestro matrimonio. Después de pasar por el proceso de eliminación de canciones elegimos, "Time of my life" de la película Dirty Dancing, era perfecto; ¡habíamos estado teniendo el "tiempo de nuestras vidas" durante los últimos veinte años!

Hicimos nuestra propia coreografía y después de practicar durante un tiempo se la mostramos a una instructora de baile para obtener su opinión profesional y asesoramiento. Con lágrimas en los ojos, ella dijo "su baile es perfecto, cuenta una historia y es muy claro que ustedes están enamorados." Ella nos dio algunos consejos sobre cómo mirar a nuestra audiencia y nos permitió utilizar su estudio para los ensayos. ¡Guau! Salimos de su estudio sintiéndonos tan animados y listos para mostrar nuestro baile a nuestros amigos.

A medida que pasaba el tiempo, nuestra emoción crecía, y para mi la fiesta no podía llegar lo suficientemente rápido. Pero cada Cenicienta tiene que tener una historia y yo tengo la mía.

Seis semanas antes del gran evento, mi esposo me llamó y me dijo: "querida me lesioné el pie jugando a la pelota, no sé qué tan malo esté, pero estoy en camino a la sala de emergencias." Mi corazón se hundió, yo sabía que esto significaba que no había baile. Lamentablemente el se rompió el tendón de Aquiles y requería cirugía inmediata. En lugar de sentir lástima por mi esposo, yo estaba molesta con él, como si él se hubiera lesionado a propósito. Mi esposo se dio cuenta de mi cara de decepción y dijo "querida lo siento mucho, pero no te preocupes, VOY a bailar contigo." Su cirugía tuvo algunas complicaciones y necesitó tres cirugías más, debido a las infecciones. Mi esposo estaba tan débil, la última vez que lo había visto así fué diez años atrás cuando tuvo meningitis.

Conforme lo cuidaba, mi corazón cambió, yo sólo quería que estuviera mejor. Oré: Dios lo siento, he estado tan centrada en la fiesta de aniversario y en el baile que me olvidé de el motivo de la celebración: no importar que pase con nosotros hicimos lapromesa de que nunca dejaremos que nada nos impida ser uno como tú lo deseas.

Sí, el baile que habíamos practicado era importante para mí, pero no más importante que mi esposo, así que decidí olvidar el baile y orar para que él estuviera lo suficientemente bien como para no tener que cancelar nuestra fiesta; pero incluso si lo hiciéramos, yo estaría bien. Me sentía más enamorada de mi esposo después de que entregué mis planes a la voluntad de Dios. Era muy animante ver cómo mi esposo por su amor a mi creía que se iba a mejorar para bailar conmigo.

Tres semanas antes de la fiesta, él estaba lo suficientemente bien como para andar en muletas, Así que seguimos con los planes de la fiesta.

Lo que paso después realmente me recordó por qué amaba tanto a mi esposo. Él me dijo: "Podemos hacer el baile, puedo conseguir una patineta ortopédica para mi pierna y podemos practicar y ver si se puede hacer el baile, tenemos tres semanas, podemos hacerlo. Ya tenemos los pasos sólo tenemos que hacer algunos ajustes, ya que sólo tengo una pierna que funciona." Yo tenía dudas pero como no teníamos nada que perder, y acepté su sugerencia. Su doctor nos consiguió un patineta y comenzamos a practicar. Nos divertimos tanto. Si el baile no funcionaba no importaba, porque estábamos construyendo recuerdos tan grandes, que había valido la pena.

Me quedé sorprendida de lo bien que lo estábamos haciendo así que, después de un par de semanas de práctica con los nuevos ajustes, fuimos de nuevo con la instructora de baile para que nos diera su opinion. Esta vez con una gran sonrisa y lágrimas en sus ojos nos dijo: "es perfecto."

El gran día llegó, mi esposo se veía tan guapo en su traje militar elegante. Yo tenía puesto un traje largo blanco. Realmente me sentí como Cenicienta. Todo era hermoso, Annie convirtió el salón de banquetes en una belleza con sus decoraciones. Estoy tan feliz de que ella fue mi coordinadora.

Mientras todos disfrutaban de la fiesta, mi esposo y yo nos escabullimos a cambiarnos. Él se puso una camisa de seda color verde limón y pantalones negros y yo me puse el vestido más caro que he comprado en mi vida: un vestido verde de seda suave que fluía con gracia con cada movimiento que yo hacía.

Mi esposo entró en el salón y se puso delante de nuestros invitados y empezó a contar la historia de cómo nos conocimos, y las cosas que hemos vivido durante los últimos veinte años matrimonio. El terminó la historia diciendo, "... y he estado teniendo el mejor momento de mi vida desde entonces." Mientras él decía esto, nuestro hijo Joe le quitó las muletas y le dio a mi esposo la patineta, la cual habíamos mantenido oculta durante toda la fiesta. La canción comenzó mientras yo entraba. Pude sentir que todas las miradas estaban puestas en mí: yo estaba teniendo mi momento de Cenicienta. Aunque todos me miraban, yo no veía a nadie, excepto al hombre que he amado desde hace veinte años, enganché mis ojos en los suyos y estaba lista para bailar con él.

Mientras caminaba podía escuchar el sonido de sorpresa en la voz de todos. Es curioso que yo no estaba preocupada por los comentarios que hacían nuestros invitados, lo único que podía pensar era lo mucho que Dios me ama. Mi esposo, mi amado por veinte años, de pie con una pierna en el suelo y la otra en su patineta listo para bailar conmigo. Lo que sentí en ese momento es algo que no puedo describir con palabras.

Dado que la lesión le impidió levantarme en el aire como Patrick Swayze levantó a Jennifer Grey en la pelicula Dirty Dancing, hicimos ajustes, en vez de que él me levantara, yo me subí a la parte delantera de la patineta y él le dio vueltas con una mano, sosteniendo mi espalda con la otra, yo me eché hacia atrás y abrí mis brazos bien abiertos.

La instructora de baile me había dicho: "cuando llegue esta parte del baile, tienes que confiar que Cory no va a dejar que te caigas, y inclínate lo más atrás que puedas." Cada vez que practicábamos, yo tenía miedo de hacerlo, pero la noche de la fiesta, no tuve miedo en lo absoluto. Confié en mi esposo porque él me ha sostenido por veinte años y nunca me había dejado caer, así que me incliné tan atrás como pude y ¡disfruté de ese momento! Fue un momento inolvidable, me senti como Kate Winslet en la pelicula Titanic cuando Leonardo DiCarprio le pregunto, si ella confiaba en él.

Finalmente había tenido mi fiesta y mi baile de Cenicienta. Esta memoria me recuerda del Salmo 37:4: *"Deléitate en el Señor,y él te concederá los deseos de tu corazón."* No importa cuán grande o pequeños sean nuestros sueños, sin nos deleitamos en Dios, Èl encuentra alguna manera de hacer nuestros sueños realidad.

Olivia Hudson

8

La Promesa

En este momento llevo dos años de casada. Mi esposo y yo tenemos problemas normales, como cualquier otra pareja, sin embargo estamos muy comprometidos el uno con el otro y con Dios. Hace un tiempo sucedió algo en nuestras vidas que me ha dado la oportunidad de acercarme más a la promesa de Dios en Romanos 8:28, que Él dispone de todas las cosas para el bien de los que lo aman.

Un día, estábamos planeando los últimos detalles de nuestras vacaciones porque nos íbamos por dos semanas. Estábamos tan entusiasmados de viajar y realmente lo necesitábamos. En medio de la preparación, recibimos una llamada del doctor y nos dio la inesperada noticia de que mi esposo tenía cáncer en el hígado. Aunque fue muy difícil escuchar al doctor en ese momento, él nos aseguró que podíamos seguir con nuestros planes de vacaciones y que cuando regresáramos del viaje, tendríamos que ir a verlo. Nuestro deseo era irnos de viaje y estoy tan contenta de que decidimos hacerlo. Compartimos unos bellos momentos y agregamos recuerdos a nuestro matrimonio que serán imborrables.

Regresamos del viaje sabiendo lo que nos esperaba. De alguna manera, yo pude disfrutar de nuestras vacaciones sin sentirme totalmente consumida por la noticia de su cáncer, sin embargo apenas llegamos a casa tuve que afrontar la realidad. Mi esposo tenía una enfermedad muy seria y teníamos tan solo dos años de matrimonio. Me dolía pensar cómo esto afectaría todos los planes que habíamos hecho para nuestro futuro como pareja.

Empezamos la quimioterapia, lo cual afectó su salud. Tambien tuvimos que registrarlo en la lista de espera para recibir una donación de un nuevo hígado. Mi esposo siempre ha sido un hombre muy activo físicamente y muy independiente. Desde que nos casamos, él nunca se había enfermado. Ahora, no solamente está enfermo, sino que depende totalmente de mí. A diario tiene muchos dolores y es muy difícil para mí verlo tan débil físicamente.

Actualmente, seguimos en el proceso de lidiar con su cáncer, pero estoy aprendido muchas cosas durante este proceso. Una de las cosas que he aprendido es que los motivos por los cuales discutíamos, nos quejábamos o peleábamos son tan insignificantes y muchas veces ni valían la pena. Cómo quisiera retroceder el tiempo y volver al momento cuando yo me enojaba tanto con él, que pasaba la noche en el sofá sola porque estaba tan molesta. Ahora todo lo que deseo es acostarme a su lado y poner mi cabeza sobre su pecho, y no puedo hacerlo porque él tiene mucho dolor. Su cuerpo está consumido por el dolor.

No puedo recordar la última vez que dormí por dos horas sin despertarme por la agonía de su voz, diciéndome que está adolorido y que las medicinas no le están funcionando. Me siento tan inútil porque no hay nada que yo pueda hacer para ayudarlo o quitarle su dolor.

En medio de tratar de ser fuerte todos los días, recibimos una carta del seguro médico informándonos que ellos solo cubrirían los gastos hasta cierto porcentaje. Financieramente esto es muy difícil porque mi esposo todavía no tiene el tiempo de incapacidad necesario para poder recibir la ayuda del estado donde vivimos.

Comó desearía que este fuera el único problema que yo tuviera en mi vida para poder concentrarme en mi esposo al 100%, pero ese no es el caso. Estoy tratando de ser un apoyo para mi hija que está tratando de salir adelante con sus dos hijas, mis nietas.

También estoy tratando de pasar tiempo con mi hijo, quien recientemente se casó, y de guiar a mi hijo menor que pronto se graduará de la escuela secundaria. Todo esto sin descuidar a mi hija menor y guiarla por el buen camino, ya que ella esta tratando de descubrir que hacer con su vida. Por último tenemos dos perros pastores alemanes que también requieren mucha atención.

En este momento mi vida está en una etapa muy difícil y he tenido que aprender muy rápido que yo no puedo hacer todo lo que quisiera hacer, así que debo de apoyarme en mi fe. Yo confío que Dios me seguirá dando la fuerza, el amor, la gracia y la misericordia necesaria para seguir adelante. En medio de esta gran tormenta, no he descuidado mi relación con Dios. No he sido capaz de hacer todo lo que quisiera, pero si he sido capaz de hacer muchas cosas, no por mi propia cuenta sino por el poder que Dios me ha concedido.

Diariamente leo Romanos 8:28: *"Ahora bien, sabemos que Dios dispone todas las cosas para el bien de quienes lo aman, los que han sido llamados de acuerdo con su propósito."* Esta promesa me ayuda a enfrentar el hecho de que en este mundo todos tendremos problemas, pero que si nos enfocamos en Jesús, encontraremos la ayuda para salir adelante.

Enfocándonos en esta promesa es lo que nos puede dar paz y victoria en medio de las tormentas.

Irma Bryan

9
Fuera De Mi Área De Comodidad

"¿Qué quieres ser cuando seas grande?" Esta es una pregunta que los adultos hacen a los niños. "Una veterinaria:" Yo gritaba, porque me encantaba capturar pequeñas criaturas por el arroyo y amaba la biología. El ministerio o ser líder de una iglesia nunca fue una consideración.

Mi padre era un oficial en el ejército militar así que crecí mudándonos cada dos años. Nací en Alemania. Hice mis últimos dos años de escuela secundaria en una escuela de base militar en Taegu, Corea. Mudarse a menudo tenía varias ventajas: Era divertido y sorprendente ver el mundo y experimentar diferentes culturas. Cuando vivía en Corea, viajábamos a lugares como Japón para practicar otros deportes diferentes a los que yo estaba acostumbrada. Las vacaciones familiares las tomábamos en las Filipinas. Aprendí a hacer amigos rápidamente y a adaptarme a nuevos entornos.

La desventaja era que, era difícil

desarrollar relaciones duraderas profundas porque siempre estábamos cambiando. Mi vida se convirtió más en hacer nuevos amigos, que en mantener los viejos, porque lo más probable era que nunca volvería a ver las viejas amistades de nuevo. Esto se extendió también con mi familia. Mi familia principal estaba cerca, pero no pasaba mucho tiempo con los abuelos, tías, tíos o primos.

Siempre he sido buena para hacer amigos al principio, mi personalidad es más introvertida y tranquila. Me cuesta trabajo relacionarme con gente y trato de ser lo que creo que la gente quiere que yo sea en lugar de ser yo misma. Recuerdo haberme mudado a Corea desde Virginia en mi tercer año de secundaria y decidí que no iba a elegir un estilo de música que me gustaba a mí para que pudiera encajar con todos los grupos de personas. Incluso en Corea, la música que escuchabas definía el grupo con el que te asociabas.

Me convertí en Cristiana cuando regresé a los Estados Unidos y me mudé a Carolina del Norte para asistir a la Universidad de Carolina del Norte en Charlotte. A pesar de que iba a la iglesia todos los domingos, sabía que algo espiritual estaba faltando en mi vida. Era Dios y hacerlo mi Señor y Salvador. Con Dios y mis hermanas en Cristo pude confrotar una de las áreas más difíciles en las que tenía que arrepentirme: ser honesta con los demás y aprender a amar a la gente. Recuerdo que las hermanas me pidieron orar por una personalidad accesible y cálida. Durante mis años de universidad me ennnovié y me casé con un hermano increíble en el ministerio de nuestra universidad, Gary Sciascia. Gary nos amaba a Dios y a mí. Él era muy perspicaz y tenía un corazón para Dios. Se convirtió en un ministro de adolescentes cuando aún estábamos saliendo y estábamos en la universidad. El Ministerio ha sido su sueño desde entonces y ambos fuimos ministros de tiempo completo en Atlanta, Georgia y luego, otra vez cuando nos mudamos a Connecticut.

Me encanta ser una discípula, sin embargo, nunca fue mi sueño trabajar como líder de una iglesia. Muchas cosas que el ministerio requiere, son cosas en las que no soy buena por naturaleza, como la conexión con los demás. Mi esposo y yo actualmente dirigimos una iglesia bastante grande y trabajamos con los estudiantes universitarios. Aunque me encanta trabajar con las muchachas y enseñarles a amar a Dios a una edad tan joven, he pasado muchos días preguntándome por qué Dios me eligió para esto. Mi esposo es tan fuerte en las cosas del ministerio y yo soy tan débil. El ministerio requiere habilidades que parecen ser mis debilidades.

He compartido públicamente sobre mi debilidad y de alguna manera esto anima a la gente. Me gustaría poder decir: "Y ahora, gracias a Dios soy muy buena en conectarme con los demás." No es así. Estoy creciendo, pero sigue siendo un desafío. Frecuentemente oro por tener un corazón más grande para la gente y para ver qué es lo que me bloquea amarlos y darles mi corazón plenamente. Cuando veo a hermanas que son fuertes en la conexión con otros, he tendido a sentirme celosa e insegura, pero, en lugar de eso, ahora estoy aprendiendo a aprender de sus fortalezas. Curiosamente, ya que he sido abierta acerca de mis luchas, más mujeres han hablado conmigo sobre sus propias luchas de conectarse con otros.

Uno de los personajes de la Biblia con quien me conecto más es con Moisés. Cuando Dios lo llama, no es en lo alto de su juventud y fuerza, si no cuando ya es viejo. Y él no se siente oportuno para liderar. Es lo contrario a Isaías. Isaías dijo: "*Envíame a mí*". *Moisés dijo: "Envía a alguien más*". Dios no trata de hacer sentir mejor a Moisés, pero él le dice que no se trata de él (Moisés), sino de Él (Dios). Este es siempre el mensaje que Dios me dice. No se trata de ti, sino de mí.

Èxodo 3: 11-12 Pero Moisés le dijo a Dios:

"¿Y quién soy yo para presentarme ante el faraón y sacar de Egipto a los israelitas? Yo estaré contigo —le respondió Dios—. Y te voy a dar una señal de que soy yo quien te envía: Cuando hayas sacado de Egipto a mi pueblo, todos ustedes me rendirán culto en esta montaña."

Dios está convirtiendo mi limón de inadecuación en limonada de crecimiento a travéz de mi dependencia en Él. He sido cristiana por 26 años y si no tengo cuidado, con el paso del tiempo puede dejar de crecer espiritualmente. Lo bueno es que no tengo que preocuparme en esta área porque hay demasiado espacio para desarrollar mis relaciones con los demás. No necesito temerle a estas áreas de debilidad. Estoy muy emocionada y con ganas de cambiar.

Gail Sciascia

10
El Gran Consolador

Tres años habían pasado desde la adopción de mi hija Jasmine y, aunque Dios me había dado el privilegio de adoptar, de vez en cuando yo me lamentaba de que nunca llegué a comprar lo que me hubiera gustado ponerle a mi bebé recién nacida. Mi sueño de convertirme en mamá de una niña, incluía poder disfrutar de comprarle una ropita bonita para el día que nos dieran de alta del hospital. Tuve la oportunidad de comprarle muchos vestidos a mi hija desde el día que llegó a formar parte de mi vida, pero como ella ya tenía dos años de edad, no tuve la experiencia que tanto quería con una bebé.

Cada vez que salía a comprar regalos para el babyshower de alguna amiga que iba a tener una niña, me sentía un poco triste porque yo nunca tuve la oportunidad de hacer compras para mi propia bebé. Un día, mientras pensaba en esto, una vocecita suave susurró dentro de mí: "no llores, todavía puedes salir de compras." Lo que pasó después, es uno de esos momentos en mi vida en que fue tan obvio que Dios ama a sus hijos y desea hacer realidad nuestros deseos, para que luego le demos toda la gloria a él.

Después de que la voz me susurró, empecé a tener una charla mental con aquella voz — ¿dijiste que salgas de compras para una bebé? —Sí— me contestó la vocecita —ve a la tienda y compra cosas para Jasmine, como si fueras a salir por primera vez del hospital con tu bebé—. Mi respuesta fue —eso es una locura, la gente pensará que estoy loca—. Pero entonces la vocecita me dijo: — ¡tonta, no es como que tienes que anunciar a toda la tienda lo que estás haciendo! — A lo que respondí — tienes razón—. Así que, me puse los zapatos, y le dije a mi familia que me iba a hacer unos mandados y me fui a Wal-Mart. ¡Qué increíble fue ese momento! Dentro de mí había una oleada de emociones.

Cuando llegué a la tienda, me sentía como si hubiera perdido la razón, pero también me sentía tan feliz de salir de compras para mi bebé.

Caminé por el pasillo de bebés y escogí una cobija rosada con lunares, un biberón con diseños de animales, un sonajero muy bonito con un dibujo de un monito, perfecto para una bebita, unos botines de color rosado, un traje rosado, un babero que decía: "todo el mundo me ama", un sombrero y mitones rosados. Caminé alrededor de una hora disfrutando de la sección de bebitas. Cuando terminé de escoger mis compras y pagué, mi corazón sentía una sensación de paz. La sed que sentía por no haber llevado a una niña en mi barriga, parecía haber desaparecido. No puedo explicarlo pero sentía una paz inexplicable.

Al conducir de regreso a la casa, de nuevo la voz me susurró al oído — ¿Recuerdas que, mientras estabas en la tienda, te imaginabas a Jasmine como cuando era una bebé? Ella tal vez sufre de no poder saber cómo se sintió su madre biológica al verla nacer. Ahora, es importante que compartas con ella lo que hiciste y que le muestres las cosas que compraste para ella.

Cuando llegué, busqué una canasta y la arreglé con todas las cosas que le había comprado a Jasmine. Entré a su habitación y me senté en su cama, le dije: "Jasmine, quiero mostrarte algo. Sé que no te di a luz y tampoco te vi cuando eras una bebé recién nacida, pero si yo te hubiera dado a luz, estas son las cosas que te hubiera comprado. La respuesta de mi hija me hizo estar tan agradecida de que, a pesar de lo tonta que yo me sentía con la sugerencia que me dio la vocecita al salir de compras, Dios sabía que no era una tontería y que ese día de compras iba a traerle paz a mí corazón y alegría a mi hija.

Mi Jasmine, teniendo ocho añitos, con lágrimas en sus ojitos me dijo al ver la canasta y todo lo que le había comprado: "¡Muchas gracias mamá, yo no puedo creer que fuiste a la tienda y compraste todo esto para mí, pensado en cómo era yo de recién nacida! Me pregunto si mi madre biológica también habrá salido a comprar cosas para mí... pero no importa si ella lo hizo o no, porque tú lo hiciste para mí". Después de decirme esas palabras, mi hija me dio un abrazo muy largo. Yo la consolé mientras ella lloraba. Cuando paró de llorar, disfrutamos juntas de cada cosa que estaba en la canasta. Era obvio que ella se sentía muy amada por mí en ese momento. Cuando terminamos me preguntó si podía mantener la canasta en su cuarto, pero yo le dije: "no, mami va a mantenerlo su cuarto."

Cuando entré en mi habitación para colocar la canasta en mi tocador, la voz de nuevo me susurró: "Es hora de dejar de lamentarte que nunca diste a luz a una niña, ese no era mi plan. Tampoco es mi plan que te estés lamentando en este momento de lo que no recibiste. Siempre fue mi plan que tu fueras la mamá de Jasmine. Yo sabía que ella necesitaba a una mamá que deseara tener una relación de madre e hija siguiendo el ejemplo de Cristo, por eso te puse el deseo tan fuerte en tu corazón de tener una niña, porque iba a llegar el día en que Jasmine te iba a necesitar. Tú eres exactamente lo que Jasmine necesita para tener la oportunidad de hacer grandes cosas en Mi nombre. Es momento de aceptar Mi plan."

Estoy convencida de que la voz que me habló ese día fue la voz de Dios. Aunque puede parecer como que fue mi subconsciente, yo creo que era la voz de Dios. ¡Sólo Dios puede consolar a dos corazones de una manera tan inesperada!

Ese día tomé la decisión de nunca más alimentar en mi corazón la tristeza de no haber dado a luz a una niña. Tomé la canasta y regresé a la habitación de mi niña preciosa y le dije que ella podía quedarse con la canasta, después de todo, las cosas que había comprado eran para ella.

Después de tres años, la canasta todavía está en la habitación de mi hija; ella dice que si tiene una hija, la va a vestir con las cosas de la canasta. La cobija rosada se ha convertido en una de sus cobijitas favoritas. A menudo veo que ella agarra la cobija y se sienta en el sofá abrigándose con ella.

Semanas después de hacer esto con mi hija, tuve una conversación con una amiga muy cercana. Ella me contó que, a pesar de que le encantaba celebrar el día de las madres con sus dos hijas, ella se sentía muy triste ese día porque nunca llegó a conocer a su madre. Su madre murió cuando ella tenía dos años.

Dios puso en mi corazón ir a comprarle algo a mi amiga en nombre de su difunta madre. Mi amiga había compartido conmigo algunas de las historias que le habían contado de su mamá, eso me llevó a asumir que su mamá fue una mujer increíble. Fui al almacén y le compré un libro, no recuerdo el título exactamente, pero era algo acerca del amor de las madres. También compré una tarjeta que decía lo orgullosa que está una madre de su hija y escribí: "Yo creo con todo mi corazón que tu mamá te hubiera dicho las palabras que están escritas en esta tarjeta, porque tú eres una mujer increíble." También le compré chocolates, unos pañuelos, un diario y algunos adornos. Puse todos los artículos en una cesta y el día de madres se la di a mi amiga. Le pedí que la abriera cuando tuviera un tiempo a solas.

Dos semanas más tarde, ella la abrió. Nunca olvidaré lo impactada que ella estaba con el regalo. Me dijo que le había traído mucha alegría, porque por primera vez en lugar de enfocarse en la pérdida de su madre o lo mucho que la extrañaba, pudo enfocarse en el hecho de que su mamá estaría muy orgullosa de ella. Mi amiga estaba tan agradecida. Yo me sentí muy honrada de que Dios pudo usarme, siendo yo una mujer imperfecta, para mostrar a mi amiga un amor tan especial.

Dios me ha consolado y por eso puedo hacer eco a las palabras de Pablo en su primera carta a los Corintios: *" Alabado sea el Dios y Padre de nuestro Señor Jesucristo, Padre misericordioso y Dios de toda consolación, quien nos consuela en todas nuestras tribulaciones para que con el mismo consuelo que de Dios hemos recibido, también nosotros podamos consolar a todos los que sufren."* (2 Corintios 1: 3-4)

Dios me ha dado tanta paz por medio de su consuelo y también me usó para consolar a dos corazones, el de mi hija y el de mi amiga. ¡Esta historia siempre será un ejemplo de lo que sucede cuando escucho la voz de Dios!

Olivia Hudson

Desde los días de mi infancia, había escuchado todo tipo de historias sobre el "karma": la idea de que las cosas "van a salir mal" en su vida si usted hace algo mal a los demás. Cuando tenía 19 años, hice algo terrible. Una amiga mía muy cercana quedó embarazada. Ella estaba muy confundida, asustada, y no tenía el apoyo del muchacho o de su familia. Otra amiga le sugirió abortar como una manera de "resolver el problema." Después de tanto hablar, decidió que iba a terminar con el embarazo.

El día de su cita llegó y fui con mi amiga, estando junto a ella a través de todo el proceso. Recuerdo no dormir durante varios días después. Me preguntaba lo que ella estaba pensando, pero tenía mucho miedo de preguntarle al respecto. Tiempo después, no pude más con la culpa. Decidí confesar este hecho a alguien a quien respetaba mucho. Después de escucharme, la persona me dijo que yo había participado en una acción terrible. No solamente nunca me había tomado el tiempo para sentarme con mi amiga para hablar de sus sentimientos, sino que tampoco nunca había hablado de mis propias creencias con ella. No había argumentado respecto a la elección moral ni había ofrecido apoyarla y protegerla en su momento de vulnerabilidad. En ese momento me dijeron "Dios nunca te perdonará. Y si alguna vez algo anda mal contigo, sólo recuerda lo que hiciste ese día".

Pasaron los años y disfruté de una carrera exitosa y una vida tranquila. Sin embargo, siempre quería agregar más y más a mi vida profesional. Tuve muchos sueños y metas, pero casarme no era una de ellas. A pesar de que el matrimonio no era parte de mi plan, conocí a un muchacho, nos enamoramos, nos casamos y tuvimos un bebé. Todo pasó muy rápido.

Tres meses después de nuestro matrimonio, las cosas comenzaron "a andar mal." Al principio, no era tan malo, sólo simples "desacuerdos culturales"--- como él lo llamó la mayoría del tiempo. Quedé embarazada de nuestro primer hijo y nuestros desacuerdos se volvieron peor día a día. Mi esposo está en el ejército y, por desgracia, empecé a notar que cada vez que era transferido o se marchaba era un momento de paz para mí y para él. Me di cuenta de que necesitábamos ayuda extra e

Intentamos buscar consejeros matrimoniales. Yo quería animarlo a él y a mí misma, pero ambos éramos tercos y no estábamos listos para cambiar. Ya que nunca había perdido contacto con mi amiga que tuvo el aborto, hablé con ella acerca de los problemas con mi marido. Triste con sigo misma, mi amiga se abrió a hablar sobre su vida y sobre lo que le habían dicho acerca de que nunca sería bendecida con hijos. Le dije que yo creía que yo estaba siendo castigada por lo que hicimos cuando éramos más jóvenes.

A pesar de que había muchos problemas en mi matrimonio, logramos concebir un segundo hijo. Busqué ayuda profesional para nuestros problemas y mi consejera me dijo que yo estaba experimentando "abuso emocional." Fue la primera vez que había oído hablar de tal cosa. Ella me preguntó que por qué estaba quedándome en este tipo de relación. Yo nunca le contesté, aunque sabía la respuesta. Este era mi castigo. Me merecía esto debido al karma.

Había muchas cosas que salieron mal en nuestro matrimonio. No era sólo mi esposo, sino también yo. Me convertí en una experta en no hablar después de una pelea. Podría seguir durante días o semanas y no estaba ayudando a la relación en lo absoluto. Hubo una noche en la que tuvimos una gran pelea y él no vino a casa a dormir. Recuerdo haberme puesto en el suelo boca abajo preguntándole a Dios: "¿Por qué?"

Tenía tantas preguntas: "¿Por qué permitiste que esto sucediera? ¿Por qué nos permitiste casarnos en primer lugar? Sé que hice algo terrible, pero ¿cuánto es suficiente?" Lloré durante muchas horas, demasiado fuerte, por primera vez. Antes siempre había llorado en silencio en el baño o mordía una almohada para que los niños no me escucharan. Le pedí a Dios que quitara el amor que sentía por mi esposo y que me diera la valentía de divorciarme de él. Le dije a Dios que si Él no iba a permitirme que dejara a mi esposo, que me mostrara por qué debería quedarme.

Tres años después fui invitada por una querida amiga mía a un grupo bíblico de mujeres que, a su vez, me llevó a comenzar estudios bíblicos personales con una de las mujeres de la iglesia South Sound Church of Christ. Comencé a aprender cómo Dios es amor y está lleno de compasión. Me di cuenta que él no es un Dios de venganza y que no está para castigarnos por siempre. Yo nunca había hablado de lo que había hecho a la edad de 19 con nadie desde mi confesión, pero decidí abrirme con las mujeres en mi estudio Bíblico. Hablamos de cómo me había sentido desde el día en que me senté al lado de mi amiga mientras ella terminaba con su embarazo.

Me sentí con menos peso en mi corazón cuando aprendí que Dios nunca me había dejado sola. El sufrimiento que estaba experimentando no fue el producto de un castigo de Dios o el resultado del karma. Mis decisiones de vivir por mí misma me habían llevado a mi infelicidad. Hablé con mi amiga acerca de cómo Dios es amor y misericordioso. Le pedí perdón otra vez y lloramos durante aproximadamente una hora juntas. Fue un tiempo de sanidad para ambas.

Cuanto más leía la Biblia, más me enamoraba de las escrituras. También me enamoré de mi esposo otra vez y aprendí a perdonarlo por cualquier dolor que él me había causado. También le pedí perdón por cualquier dolor que le había causado yo. Eventualmente mi esposo comenzó a estudiar la Biblia y ahora estamos aprendiendo cómo hacer que Dios sea el centro de nuestras vidas y nuestro matrimonio.

Es increíble ver los cambios en nuestras vidas --- el ver y disfrutar el hombre en el que se está convirtiendo mi marido. Estoy agradecida de que Dios me dio el valor para quedarme y luchar por mi matrimonio. Diariamente presencio Su milagro. Él me mostró que la gente puede cambiar, y que teniéndolo a Él (Dios) como el centro de su casa, él puede crear el hogar más increíble.

JV

12
Dios Siempre Tiene Un Plan

Cuando pienso en mi vida y siendo esposa de un militar, mudarse es algo que viene junto con el paquete. Hay momentos en los que puedes participar en decidir el lugar donde vivir y otros momentos en los que no tienes voz. Estos son los tiempos en los que sé que Dios tiene verdaderamente el control. Esto fue muy evidente para mí desde un principio cuando se nos dieron órdenes de ir a Charleston, Carolina del Sur. Cuando inicialmente me hablaron sobre Charleston, no estaba contenta con estas órdenes. ¿Por qué no nos podíamos regresar al Noreste donde era mucho más familiar y cómodo para mí?

Respondí muy tranquila y firme de corazón: "De ninguna manera me voy a mover a Charleston." Iba a estar lejos de mi grupo de apoyo espiritual, y encima de eso, me acababa de enterar de que estaba embarazada. Yo quería mudarme cerca de un lugar donde tuviera el apoyo físico y espiritual que había tenido durante mis otras mudanzas.

Aunque mi corazón estaba inquieto, me mantuve tranquila en el exterior. Pero en el interior, mi terquedad persistió. Conforme mis quejas salían de mi corazón, me acordé de esta escritura: " *En ese momento, en la sala del palacio apareció una mano que, a la luz de las lámparas, escribía con el dedo sobre la parte blanca de la pared. Mientras el rey observaba la mano que escribía.*" (Daniel 5:5)

Sabía que la "escritura estaba en la pared", y sin importar como yo me sentía con esta mudanza, la realidad era que nos ibamos a mudar a Charleston. La mudanza vino poco después de que el huracán Hugo golpeara. Puedo recordar que, a medida que nos acercábamos a Charleston, los árboles en el lado de la carretera parecían como si alguien había tomado una sierra circular y había cortado a cada árbol por la mitad. Se me hundió el corazón mientras me preguntaba de qué manera iba a vivir en un lugar como este sin mi esposo ya que él tenía que navegar por varios meses.

Después de nuestra llegada a Charleston, nos sentamos esa noche y vimos las noticias. Ahí, delante de nuestros ojos estaba el submarino recién asignado a mi esposo con el título de que acababa de salir el día anterior por un despliegue de seis meses hacia el Golfo Pérsico. Nos sentamos ahí en estado de shock porque esto significaba que mi esposo se estaría yendo en unos cuantos días para entrenamiento en Virginia y luego inmediatamente volaría para encontrarse con el submarino en el Medio Oriente. Esto me dejaría completamente sola para ajustarme a vivir en una nueva ciudad con una pequeña de un año y unas semanas de embarazo. Esto planteó una decisión muy difícil que tenía que tomar, "¿Debo quedarme y asentar a nuestra joven familia en Charleston o debo mudarme a Nueva York y estar con mi familia hasta que mi esposo vuelva de navegar?"

Decidí quedarme en Charleston. Después de que se tomó esa decisión, mi esposo tenía sólo unos pocos días para mudarnos a un apartamento antes de su viaje. Mi primera prioridad en Charleston era encontrar médicos para mi hija y yo. Esto parecía ser una tarea muy simple. Mi hija fue capaz de ver a un médico en el Hospital Naval lo que naturalmente significaría que lo más probable sería que pudiera ver a un ginecólogo ahí también. La cita de mi hija salió muy bien, por lo que procedí a la clínica de medicina familiar para hacer una cita para mí.

Preguntando acerca de una cita para mí, le informé a la recepcionista de mi embarazo. De pronto todo parecía oscurecerse mientras ella agitaba un pedazo de papel delante de mí. Sus palabras parecían estar entre mezcladas.

Al alcanzar el papel, ella me dijo: "Lo siento, señora. No estamos aceptando nuevos pacientes de obstetricia. Aquí está una lista de médicos. Usted tendrá que encontrar uno por usted misma." Yo no podía creer sus palabras. ¿Acaso no sabía con quién estaba hablando ella? ¿Acaso no quería saber acerca de todos los problemas que tuve con mi último embarazo? ¿Acaso no le importaba por qué era mas conveniente y urgente para mi ser atendida ahí? Me sentía rechazada y sola. Mi esposo se había ido y yo no tenía a nadie que pudiera ayudarme a encontrar un ginecólogo. Con el papel en la mano, me fui caminando lentamente --- pensando cuán difícil y aterrador era esto para mí porque anteriormente había perdido un bebé y había tenido un embarazo difícil con mi hija.

Aun así, comencé mi búsqueda. Con mi lista en la mano, me senté y empecé a marcar los números en el papel, empezando por el primero y yendo hacia abajo de la lista. Llamada tras llamada, me encontraba con las mismas palabras: "Lo siento, en este momento no estamos aceptando nuevos pacientes." Empecé a sentirme cada vez más sola y desanimada y, finalmente, en voz baja susurré, "Dios realmente necesito que me ayudes porque no sé qué hacer."

Cuando hice la siguiente llamada, una mujer muy amable respondió. Dijo que podía hacerme una cita en un par de semanas. ¡Estaba tan emocionada! Dios había escuchado y contestado mi oración. ¡Pensé que había encontrado el médico que necesitaba ver! Sin embargo, después de que yo contesté su pregunta: "¿Cuándo te enteraste que estabas embarazada?" su voz se llenó de alarma. Ella entonces me informó que su oficina no sería capaz de verme porque yo necesitaba una prueba muy específica que debía ser hecha lo mas pronto posible. Su voz sonaba muy decepcionada de no poder atenderme en su oficina. Ella me instó a encontrar un médico que me pudiera ver esa semana para que la prueba se realizara.

Aunque usted no lo crea, esta era la mejor noticia que había recibido durante tantas llamadas telefónicas que habia hecho, porque ahora ¡tenía una misión! Yo sabía que era Dios respondiendo a mi oración. Este era el criterio que necesitaba buscar al hacer una cita---- un médico que me pudiera ver dentro de unos días. El médico que tuviera cita para verme en esa misma semana era el médico que Dios había escogido para mí, y yo lo sabía.

Después de un par de llamadas más, encontré una oficina en donde me podían ver dentro de dos días. ¡Estaba tan emocionada! ¡Parecía como si Dios hubiera dividido el Mar Rojo para que yo pudiera cruzar! Un par de días más tarde, llegué a la oficina del doctor y fui saludada y bienvenida por un amable personal. El Dr. Robinson se presentó calurosamente. Nos llevamos bien inmediatamente. Durante esa visita me enteré de que era de Nueva York (eso creó un vínculo entre nosotros) y que estaba familiarizado con algunos de los lugares que yo conocía bien. Pude lograr completar mi prueba y sentí que estaba en buenas manos.

Debo decirles que cuando las mujeres dicen: "Cada embarazo es diferente," es muy cierto. Todas mis pruebas salieron bien. Mi único problema era comer; sólo comía porque necesitaba hacerlo ---- nada sabía muy bien. Cada cita la terminábamos compartiendo una historia acerca de Nueva York. El tiempo parecía volar rápidamente y antes de que me diera cuenta ya estaba a cuatro semanas de dar a luz. El submarino de Walter (mi esposo) debía regresar el 16 de Agosto y el bebé debía nacer el 11 de Septiembre. Eso sería un buen tiempo para ajustarnos y estar listos para el nuevo integrante de nuestra familia. Pero un par de semanas antes del regreso de Walter, me desperté con un dolor terrible y pensé: "Por favor, bebe, sólo unas semanas más". En la siguiente cita de chequeo, todo resultó bien.

El día antes de la llegada de mi esposo estaba tan emocionada que no podía esperar a que fuéramos una familia de nuevo en menos de 24 horas. ¡Mi hija y yo tendríamos a su papá en casa! No sé si usted se pueda imaginar la emoción que está en el aire cuando los familiares llegan a casa después de un largo despliegue militar. ¡Ver a los miembros de la familia y los niños riendo, abrazándose y llorando lágrimas de alegría estaba por donde usted mirara! ¡Fue un día maravilloso lleno de emoción! ¡Nuestra familia estaba completa de nuevo! Pocos sabíamos que nuestra familia crecería de nuevo --- ¡el día siguiente!

Me desperté a la mañana siguiente --- emocionada de ver a mi esposo junto a mí, pero un poco triste porque tenía que volver a trabajar y pasar la noche en el submarino. Aun así, yo estaba agradecida de que él estaba en casa. Tranquilamente me levanté de la cama y entré baño. Me encontré con un dolor mu fuerte. No estaba segura qué hacer. Pensé que esto no podía ser el parto debido a que el bebé estaba supuesto a nacer en tres semanas y media más. Silenciosamente me senté al final de la cama.

Cuando mi esposo me vio ahí, preguntó que qué pasaba, le dije que creía que estaba teniendo contraciones. Saltó de la cama y salimos rumbo al hospital. Mi esposo solo había estado en Charleston durante unos días cuando apenas nos habíamos movido allí y no tenía idea de dónde se encontraba el hospital. Así que tuve que darle direcciones para que llegáramos allí. Llegamos al hospital alrededor de las 7:15 a.m. Al momento que el Dr. Robinson llegó, nuestro bebé estaba listo para venir al mundo. Entre las contracciones, se presentaron mi esposo y mi médico. Para las 8:33 a.m., ¡nació nuestro hijo!

A pesar de que fue bastante impactante e inesperada la pronta llegada del bebé, yo estaba agradecida de que todo salió bien. En sólo dos días, nuestra familia había crecido por dos. Dios se había hecho presente de nuevo, no sólo con el médico que necesitaba para la atención prenatal y el parto, sino también con tener a mí esposo a mí lado y ¡¡un bebé sano!!!

Melody Channell

13

La Caja De La Paz

Durante mi infancia mantener limpia la casa no era una opción. Mi padre nos levantaba dos horas antes de ir a la escuela para limpiar la casa. Como adulta he seguido la pasión de mis padres de mantener una casa limpia y presentable. Sin embargo, cuando me convertí en mamá mantener la casa limpia y enseñar a mis hijos a mantener una habitación limpia no fué fácil.

Yo no soy muy exigente en mantener la casa limpia, ¡sólo quiero que las cosas esten colocadas en el lugar donde pertenecen! No es complicado recoger un calcetín que está en medio de la habitación en lugar de caminar por encima de él, o es obvio que los trastes no se limpian automáticamente por el hecho de estar en el lavaplatos, también creo que todo el mundo sabe que la silla no es un armario de ropa o abrigos. Por mucho tiempo me vi a mí misma como un Sargento, diciendo: "recoge esto, recoge aquello, llévate esto de aquí, llévate aquello de aquí" cada cinco minutos.

Tal vez no cada cinco minutos pero para mí si lo parecía así.

Me tomó años para darme cuenta de que yo era como un grifo que gotea cuando se trataba de la limpieza, por años me refiero a que uno de mis hijos ya hasta se había ido a la universidad en el momento en que me di cuenta de mi problema.

Era increíble cómo un pequeño objeto que los niños no recogían del sillón de la sala, o del piso me ponía de malas. Yo sabía que mi problema no eran las cosas que estaban tiradas por ahí, sino que no me sentía apreciada por mis hijos, porque yo limpiaba mientras ellos estaban en la escuela y ellos venían a casa y tiraban las cosas. Comencé a tomar de forma personal su falta de cuidado. Así es, me olvidé de que eran niños, no adultos.

Una mañana mientras estaba limpiando con tanta fustración al ver todas las cosas que estaban fuera de su lugar, al recogerlas escuché una pequeña voz que me dijo, "chica tu sabes que son niños, tu mantenías las cosas súper organizadas mientras crecías porque tenías miedo a ser severamente castigada por hacer un desastre. Tus hijos se sienten seguros contigo así que ellos te van a probar. Recuerda que si las riñas constantes no funcionan, entonces intenta algo más." Y fue así que la Caja de la Paz nació una tarde en la casa de los Hudson.

Empecé a limpiar y conforme encontraba cosas diferentes que pertenecían a los niños, las colocaba en una caja. Escribí en el frente de la caja el siguiente texto: Esta es la Caja de la Paz, cuando mamá encuentre cosas en lugares donde no pertenecen mientras limpia, ella va a ponerlas aquí. Si la caja se llena, las cosas adentro se donarán a Goodwill.

Cuando los niños llegaron a la casa les presenté la caja y les hice conscientes de la letra pequeña que no estaba escrita en la caja; "Algunas de las cosas colocadas dentro de ahí se pueden romper, aplastar o ser reclamadas por otros y mamá no será responsable." Les encantó la idea.

El objetivo de la caja es mantener mi paz, que a su vez hace que la casa sea más pacífica. Cuando limpio no tengo que tener conflicto con los niños cuando les digo que vengan a tomar sus cosas, yo solo las pongo en la caja de la Paz y ¡estoy en Paz!

La caja no se ve bonita en mi sala, pero ha traído paz a mi casa y a mí. Ya no tengo que ser la mamá regañona que constantemente les dice a sus hijos que limpien.

La Caja de la Paz nunca se ha llenado más de la mitad. Una cosa que me encanta es que puedo ver cómo mis hijos se preocupan el uno por el otro; si uno de los niños va a buscar algo que no puede encontrar en la Caja de la Paz y se da cuenta de que algo que está ahí es de sus hermanos o hermana, ¡va a avisarles que está ahí para que puedan irlo a sacar!

La Caja de la Paz me recuerda a la escritura en 1ª de Corintios 14:33a; " *porque Dios no es Dios de desorden, sino de paz...* "

La caja de la paz nació de mi frustración; estoy muy agradecida de que Dios me mostró que era inútil seguir regañando a mis hijos en cuanto a recoger sus cosas porque como madre voy a tener problemas más grandes que atender, así que la Caja de la Paz puede cuidar de los más pequeños.

Olivia Hudson

14
Una Aventura Inesperada

Por naturaleza soy una persona feliz, saludable y activa. Muy pocas cosas hacen que yo me preocupe.

Un día, mi enfermera me llamó para decirme que ya era hora de hacer mis exámenes rutinarios de salud. Nunca antes me había hecho exámenes de rutina porque no tenía seguro, pero cuando cumplí sesenta y cinco años, ya calificaba para tener seguro de Medicare. Mi enfermera me dijo que ella había estado pensando en mí porque necesitaba decirme algo, pero no lo lograba recordar, entonces revisó mis archivos. En los archivos ella había puesto una nota para recordar llamarme cuando cumpliera los sesenta y cinco años.

Como yo le había prometido cuidar de mi salud física y hacerme todos los exámenes rutinarios, una vez que el seguro estuvo disponible, yo me propuse tomarme todos los exámenes que fueran necesarios. Le pregunté a mi enfermera qué exámenes debía hacerme primero, y ella me respondió que una colonoscopia de rutina.

La preparación no fue tan mala como yo esperaba. Honestamente, ¡yo pensaba que iba a perder algunas libras de peso! El procedimiento fue simple, pero algo que me parecía extraño era que las otras personas que habían tomado el mismo examen ya se habían ido, y yo todavía seguía allí.

La enfermera trajo a Ken (mi esposo) y me dijo; "el doctor estará con ustedes en un momento. "¡Guau!, pensé yo, ¡que buen doctor, dándome toda esta atención! El doctor entró, cerró la puerta del consultorio y nos dijo: "Hemos encontrado algo y necesitamos hacer una biopsia hoy mismo, para tener los resultados mañana". Recuerdo que el doctor dijo más de una vez, que lo que encontró le parecía sospechoso. Tanto mi esposo como yo, nos quedamos a la expectativa, pero calmados. Decidimos creer que probablemente no era nada serio y esperar hasta el día siguiente. Llamé a algunos amigos y familiares y les conté acerca de mi visita al médico.

Al día siguiente, en su oficina, el doctor nos comunicó a mi esposo y a mi que yo tenia cáncer. Con mucha ternura me explicó que me iba a poner en contacto con un cirujano oncólogo, porque iba a necesitar más exámenes. Hice un suspiro y después comencé a llorar. "Esto no puede ser   -me repetía a mí misma-   Dios ayúdame, Dios ayúdame."

Salimos de la oficina del doctor y me

sequé las lágrimas, porque no quería que nadie viera que había estado llorando. Sin embargo, tan pronto como Ken y yo entramos al elevador del hospital, me puse otra vez a llorar; pero apenas la puerta del elevador se volvió a abrir, paré de llorar porque había gente entrando. La verdad es yo no sabía cómo manejar esta noticia. No esperaba que algo como esto me sucediera.

Los días pasaban lentamente. Había tantos amigos y familia con quienes hablar de ese tema, que envié mensajes de texto y correos electrónicos. Hice muchas llamadas, traté de darles la noticia a todos los que yo sabía que me amaban para que oraran por mí. Esta fue mi manera de prepararme para enfrentar esta batalla.

Recuerdo haber hablado con mi hijo durante este tiempo, el me dijo algo que me ayudó en ese momento "Mamá usted no puede permitirse a sí misma ningún pensamiento negativo." Sus palabras de sabiduría me llevaron a aferrarme a 2 Corintios 10:5; "*Destruimos argumentos y toda altivez que se levanta contra el conocimiento de Dios, y llevamos cautivo todo pensamiento para que se someta a Cristo.*" Para poner mi fe y mis sentimientos en las manos de Dios, muchas veces tuve que llevar cautivo todos mis pensamientos a Cristo.

Durante ese tiempo, sentí que Dios me estaba cargando en todo momento.

Hubo momentos en que ni siquiera sé como mis pies tocaban el suelo. Constantemente le rogué a Dios que por favor me ayudara a hacer esto bien (no tenía ni idea de lo que significaba batallar contra el cáncer). Dios escuchó mis oraciones y me dio nuevos amigos: mi oncólogo, mi cirujano y además me dio un gran soporte emocional y espiritual. Me sentí tan amada y cuidada por Dios.

Dios incluso me regaló muchas carcajadas antes de ir a la cirugía. En la sala de espera, mi hija me mostró en su teléfono toda clase de fotos de mi perro haciendo tonterías, que me mantuvieron riéndome todo el tiempo. Durante ese tiempo, mi esposo fue mi compañero constante y leal. Disfrutó silenciosamente las cosas que otros hacían para subirme el ánimo.

Gracias a Dios la cirugía salió bien. El médico fue capaz de sacar todo el cáncer. Me sentí con mucha suerte, teniendo en cuenta que me estaba preparando para lo peor. Incluso, el doctor dijo que no era tan malo como parecía en los exámenes. La noticia de que todo el cáncer había salido fue tan buena que no podía creerla. Me sentía muy agradecida con Dios!

Después de la cirugía, tuve varias citas de seguimiento para confirmar que todo el cáncer había desaparecido. Todos los años tengo que hacerme una colonoscopia, pero no tengo problemas con eso.

Al reflexionar sobre esta aventura que no me esperaba, lloro porque estoy muy agradecida por la lección que Dios me enseñó: que si confío en Él, incluso con lo inesperado voy a llegar a entender más profundamente el significado de 1 Pedro 1:7 " *El oro, aunque perecedero, se acrisola al fuego. Así también la fe de ustedes, que vale mucho más que el oro, al ser acrisolada por las pruebas demostrará que es digna de aprobación, gloria y honor cuando Jesucristo se revele.*"

Mi fe ha sido refinada. Debido a esta experiencia yo alabo, glorifico y honro a Dios todavía más hoy, que el día que me enteré que tenía cáncer. Siempre estaré agradecida por esta aventura tan inesperada.

Dona Casey

15
Regalo Sorpresa

Dios debe saber que me encantan las sorpresas, porque Él siempre tiende a sorprenderme con los regalos más increíbles. El 1º de Junio del 2014, me dio un hermoso regalo que atesoraré por siempre. Él me permitió comprender un poco más lo que 1ª de Corintios 2:9 dice: "*Cosas que ojo no vio ni oído oyó ni han subido al corazón del hombre, son las que Dios ha preparado para los que lo aman.*"

El 29 de Mayo del 2014 volé a Honduras, uno de los lugares más peligrosos para vivir durante ese tiempo. No fue mi primera visita. Yo había estado allí en Enero del 2014, para servir la Brigada médica Mundial H.O.P.E (H.O.P.E. Worldwide medical Brigade). Fui con mi hijo Joe quien se estaba graduando de la secundaria ese año.

Cada noche después de un día de servir a los pobres, todos los voluntarios disfrutábamos de un tiempo de compañerismo. Una de las noches tuve el privilegio de juntarme con Dulce Cruz (líder del ministerio de mujeres de San Pedro Sula (SPS)). Yo estaba muy conmovida por su amor para las mujeres de SPS. Conforme nos conocíamos, compartí con ella acerca del camino que me tomó enfretarme con las cicatrices de mi pasado y de toda la terapia intensa que tuve. Después de compartir mí historia con Dulce, no sólo ella se sintió identificada, si no que ella abrió mis ojos para que yo viera lo privilegiada que fui al haber podido pagar por ver a un consejero que me ayudó a navegar a través de tales traumas.

Al final de nuestra charla ella mencionó que sería tan bueno si ella y las hermanas de ahí pudieran recibir tal ayuda. Ella deseaba tanto poder hacer más por las hermanas quienes pudieran estar estancadas espiritualmente, débiles o en necesidad de ese ánimo adicional para que no se dieran por vencidas en seguir a Dios. Ella me dijo que mi historia era similar a muchas historias de las hermanas en SPS. Lamentablemente sus recursos financieros son limitados y rara vez pueden pagar para que discípulos que han tenido los recursos como yo vengan a hablar y enseñar a la familia espiritual de SPS. Añadió que a veces las personas tienen miedo de venir ya que es un lugar muy peligroso y que ella lo entiende.

Después de escucharla le dije, me encantaría venir con mi esposo y tal vez ayudar de alguna manera. Yo sabía que no éramos expertos pero siempre estamos honrados cuando Dios nos presenta una oportunidad para compartir cómo trabajó y continúa trabajando en nuestras vidas. Dulce dijo que le encantaría tenerme ahí. Honestamente pensé que estaba bromeando.

Después de regresar de la brigada a la casa, le mencioné a mi esposo que sería increíble si pudiéramos ir y dar una clase sobre el matrimonio; pero él dijo que sería imposible debido a su trabajo. Estando en el la Armada sería difícil para él conseguir una licencia para viajar a un país con advertencia de seguridad.

Me entristeció oír que por el momento no era una opción que los dos fuéramos, pero el deseo de ayudar a la iglesia en SPS era muy fuerte en mi corazón. Consideré ir por mí misma, pero no pensé que pudiera ayudar mucho. Esta era mi inseguridad hablando.

Una noche le pregunté a mi esposo, cómo se sentiría él si yo fuera a SPS a enseñar una clase a las mujeres sobre el autocuidado, él contestó, "sería atemorizante, pero si Dios lo puso en tu corazón, deberías ir porque no podemos vivir de temor." Así que después de orar, Dios me ayudó a ver que había un mensaje que podría compartir con las hermanas de SPS, de que no tenemos que vivir como

Cristianos infelices, hay que pedir ayuda. Aprendí eso durante mi camino de recuperación y curación del trauma de mi pasado. Estaba abierta a compartir mi camino y de comó Dios usaba mi dolor para ayudar a otros.

Hablé con Dulce y le pregunté si su invitación para que yo fuera aún estaba abierta, y tan pronto ella dijo que sí, le pedí a mi esposo un boleto de avión a Honduras como regalo del Días de las Madres. ¡Él estuvo feliz de comprarme ese regalo!

El 29 de Mayo de 2014, llegué a SPS, fui recibida en el aeropuerto por discípulas que estaban tan felices de verme de nuevo. Fuimos a almorzar y me dieron la agenda para los próximos cuatro días. Estaban ansiosas por empezar.

Todos los días estaban llenos con una clase que yo daba y después facilitaba grupos de discusión para hermanas casadas, casadas con no cristianos, solteras, y universitarias. También facilité un grupo de discusión de madre e hija que fue tan unificador para ellas. Pasaba tiempo con las hermanas desde las siete de la mañana hasta las diez u once de la noche. Todas las noches estaba agotada, pero me iba a la cama con ganas de levantarme y hacerlo de nuevo al día siguiente. Disfruté cada minuto de mi tiempo allí. Estaba tan conmovida por la manera en que Dios estaba usando todo el dolor que había experimentado. Todos esos años que había aprendido a llevar mi dolor delante de Él a través de las terapias, ahora Dios lo estaba usando para ayudar a mis hermanas en Cristo en Centro América a traer sanación emocional con soluciones prácticas de la biblia. Yo no merecía tener tal oportunidad, pero estoy muy agradecida de que Dios me usó a mí, una mujer común, para hacer grandes cosas para Él.

Finalizando mi tiempo allí, las hermanas de SPS me habían pedido predicar para un servicio de mujeres el domingo. Ellas querían tener un tiempo en el que pudieran invitar a sus amigas a escucharme hablar. Con mucho gusto acepté su invitación a predicar.

Ese domingo por la mañana me desperté sintiendome nerviosa para predicar, pero lista para ser usada por Dios. Pasé un gran momento de reflexión con Dios antes de ir al servicio a predicar. Mi corazón estaba conmovido por la manera en que Dios habia trabajado los tres últimos días en el corazón de las hermanas en SPS.

Cuando llegué a la iglesia todos estaban muy emocionados de escucharme hablar. Las hermanas estaban ansiosas de que yo conociera a sus amigas. Algunas hermanas me dieron regalos hechos a mano, tarjetas y recuerdos. Una hermana en particular me dijo que no tenía dinero, pero que quería darme algo para recordarla como un agradecimiento por el tiempo que pasé con ella, ella me dio uno de sus collares favoritos. Estaba tan conmovida, que no tengo palabras para describir lo impactada que yo estaba. El salón estaba lleno de mujeres y el servicio ni siquiera había empezado.

Llegó el momento y Dulce subió al podio, me presentó a la congregación antes de que yo predicara. Cuando me paré para caminar hacia el podio, que por cierto estaba hermosamente decorado, me sentía muy nerviosa. Sin embargo, algo milagroso pasó cuando subí y vi a las casi 300 mujeres que me miraban con corazones ansiosos y listos para aprender, el miedo se me fue. Una vez que vi tantas mujeres, estaba convencida de que Dios tenía un mensaje que él quería que yo compartiera con las hermanas en San Pedro Sula y sus amigas, el mensaje no era: " tienen que vivir como Cristianas infelices " sino que era: "*con Dios todo es posible*" (Lucas 18:27). Ese es el mensaje que Él me enseñó y me sigue enseñando todos los días y ese mensaje es el que me llevó a viajar a SPS.

Dios me dio una sorpresa inolvidable, tomó el dolor y la tristeza que controlaba mi vida durante muchos años y me mostró lo que puedo hacer con todo ese dolor si me mantengo cerca de Él. Puedo inspirar a otros a hacer lo mismo.

Olivia Hudson

103

16

Hierba No Crece Bajo Mis Pies

¡Me han dicho muchas veces que la hierba no crece bajo mis pies y que puedo hacer círculos alrededor de la gente! Mi madre solía bromear diciendo que necesitaba hacer una cita conmigo sólo para platicar. Por cierto, ella vive conmigo. Mis semanas estaban llenas de estudios bíblicos, reuniéndome para el desayuno o el almuerzo con otras hermanas, construyendo relaciones con mujeres que había conocido, y satisfaciendo las necesidades de mi esposo (con el que he estado casada durante 23 años) y nuestra familia. La vida era ocupada y no era perfecta.

Todavía tenía las situaciones y problemas que enfrentan muchas personas. Por ejemplo, nuestra hija mayor decidió dejar a Dios durante sus años de adolescencia. Después de 2 años, su relación con Dios se reavivó y ahora está bien. Nuestra hija menor quedó embarazada en la adolescencia. No es por exagerar pero fue una experiencia muy difícil, pero amo al "pequeño hermoso" de Nana...mi nieto. Tengo dos hermanas que han sido diagnosticadas como bipolares y necesitan de mi continuo apoyo. Mi madre también necesita un poco de cuidado. Así que no hay necesidad de decirlo, la vida me ha mantenido siempre alerta. Pero, a través de todo lo que me ha sucedido, y aunque mi fe fue sacudida, me he aferrado a Dios, incluso si era sólo era de un hilo. Sé que es donde algunos de nosotros estamos en este momento. La vida se ha estado moviendo en algunos días con un paso hacia adelante y 2 pasos hacia atrás o viceversa.

El último fin de semana de Abril de 2014, mi vida dio un giro radical. Me desperté muy fatigada en un domingo por la mañana. La semana anterior había estado muy ocupada atendiendo a mí familia y con el primer cumpleaños de mi nieto. Me di cuenta de que me había excedido. Mi cuerpo estaba mal y necesitaba reposo. El miércoles, estaba experimentando debilidad en el brazo izquierdo. No podía procesar información claramente. Estaba hablando lentamente. El lado izquierdo de mi cara se sentía como que quería caerse y/o adormecerse. Además, todavía seguía extremadamente fatigada. Después de obtener exámenes de mi cerebro, la columna cervical y una punción lumbar, que fue torturante, en Julio me diagnosticaron con Esclerosis Múltiple

(EM).

Decir que las emociones fueron altas es una subestimación. Aunque yo creía que Dios tenía un propósito para mí, la culpa, la tristeza, la frustración, la sensación de inutilidad y otras emociones me nublaron la vista de todas las bendiciones que Dios me había dado. Me di cuenta de que tenía que rendir mi corazón, cambiar mí forma de pensar y saber, sin duda alguna, que Dios tenía el control y tenía un propósito. Tenía que orar para ver esta enfermedad incurable como una oportunidad, no como un obstáculo, para glorificar a Dios. Con esta solución, he visto mi personalidad probada y me di cuenta de lo que es importante: amarlo y ser obediente. La EM ha fortalecido mi relación con Dios. Conforme viajo en estas aguas desconocidas, he visto el amor de Dios a través de mi familia y amigos. Han orado con y por nosotros, preparado comidas, han realizado llamadas telefónicas y enviado mensajes de texto por lo que estoy muy agradecida y por lo cual me siento humilde.

Han pasado seis meses desde el inicio de los síntomas, mientras escribo esto. Me despierto cada día sin saber cómo sera, porque mis síntomas varían de día a día. Entre el dolor, la fatiga y la debilidad, que son los principales culpables en este momento, sé que tengo que permanecer en las escrituras que me dan esperanza, consuelo y paz. No sé a dónde me está llevando esta enfermedad, pero lo que sí sé es: *"Aunque la higuera no dé renuevos, ni haya frutos en las vides; aunque falle la cosecha del olivo, y los campos no produzcan alimentos; aunque en el aprisco no haya ovejas, ni ganado alguno en los establos; aun así, yo me regocijaré en el Señor, ¡me alegraré en Dios, mi libertador!"* (Habacuc 3:17-18)

Así que, a pesar de que ahora tenga hierba bajo mis pies y ya no haga más círculos alrededor de la gente, aun así yo me regocijaré en el Señor, mi Dios, y estaré alegre en Dios, mi Salvador.

Carmen Spearman

17
Un Regalo Inesperado

Desde que era una adolescente decidí que iba a tener dos hijos, un niño y una niña (¡obviamente no tenía ni idea de que eso era algo que no estaba bajo mi control!) Siempre quise una hija. Creo que era un deseo que Dios puso en mi corazón porque Él sabía que me llevaría a cumplir Su voluntad de hacer a Jasmine mi hija.

Dios nos había bendecido a mi esposo y a mí con cuatro chicos, a quienes amo tanto, pero todavía tenía en mí corazón ese deseo de tener una hija. Después de orar, mi esposo y yo decidimos adoptar una niña. Antes de llenar la aplicación para adoptar, quisimos asesorarnos con unos amigos que nos conocían muy bien. Sabíamos que ellos nos podrían decir si creían que adoptar era una buena idea para nuestra familia. Ellos nos recomendaron que aplicáramos primero para ser "padres de crianza" (personas que brindan legalmente una vivienda temporal a un niño/niña) esto con el fin de probar si podríamos manejar cinco hijos. Y eso fue lo que hicimos. Después de muchas visitas domiciliarias y de lecciones de cómo ser padres de crianza, mi esposo y yo obtuvimos nuestro certificado para ser padres de crianza temporales.

Poco después de obtener nuestra certificación, durante siete meses le abrimos las puertas de nuestro hogar a un niño. Luego de que el niño fue devuelto a sus padres, nos sentimos dispuestos a adoptar, así que comenzamos el proceso de convertirnos en padres adoptivos certificados. A la espera de la llegada de nuestra certificación, durante la temporada navideña, recibimos una llamada diciéndonos que una pequeña de dos años de edad necesitaba ser acogida en una familia temporal. A pesar de que habíamos decidido no servir más como padres de crianza temporal, me sentía mal de decirle que no a una niña sin hogar durante las vacaciones. Así que le dijimos que sí a la niña.

La primera vez que vi a Jasmine estaba en una "casa segura" (un hogar temporal para los niños que han sido separados de sus familias). La visité allí durante cuatro días antes de traerla a la casa. El día que me la llevé a la casa para vivir con nuestra familia, ella lloraba mucho, no quería salir porque, en tan sólo diez días, el personal y los otros niños de la "casa segura" se habían convertido en su familia. Era tan difícil verla sufrir.

Escuchando sus gritos, se me hizo un hueco en el corazón, traté de hablarle para consolarla, pero eso no la ayudó mucho, así que nos fuimos de compras. Fuimos a una tienda, y ella escogió una almohada rosada muy cómoda. Durante varias semanas, ella solía dormir abrazándola toda la noche.

Una vez que llegamos a la casa, los chicos la recibieron muy acogedoramente y Jasmine no tenía miedo de mezclarse perfectamente con la familia. Era como si hubiera sido parte de nuestra familia toda su vida.

Tres semanas más tarde, la niña dulce que habíamos acogido en nuestro hogar, había desarrollado algunos graves problemas de conducta. Era como si estuviéramos en guerra contra una niña de dos años. Ella comenzó a faltarle al respeto a cualquier imagen de autoridad en su vida. Ella era tan difícil de controlar que ya no podía esperar más para que se reunificara con su madre biológica. Yo estaba esforzándome mucho para ayudarla a sentirse amada, pero parecía que todo lo que hacía la enojaba todavía más.

El tiempo iba pasando y, en vista de que la reunificación con su madre biológica fue tomando más tiempo de lo esperado, yo le oraba a Dios pidiéndole sabiduría para saber cómo ayudar a Jasmine y también le pedía ayuda para no perder la cordura. En este punto, estaba claro que yo necesitaba la intervención de un profesional, así que decidí asistir a una terapia para aprender cómo ayudar a Jasmine. Continué orando todos los días para que su madre cambiara y así ellas pudieran reunirse. Sinceramente no quería que ella tuviera que lidiar con el dolor de perder a su madre biológica.

En la terapia aprendí que todo lo que estaba pasando en su vida hacía que ella se volviera temerosa e insegura; y en lugar de ser como un perrito dulce que tiene miedo cuando lo abrazan, se convirtió en un puerco espín: hiriente. Mi consejero me ayudó a ver que si yo realmente quería ayudar a Jasmine, tenía que luchar para que ella se portara mejor. Jasmine necesitaba ayuda para entender que ya no necesitaba tratar de controlar su vida y que Dios nos había colocado en su vida para cuidarla. Yo estaba viendo a Jasmine como una víctima de sus circunstancias, por lo tanto, yo no estaba teniendo expectativas para ella y eso estaba creando caos dentro y fuera de nuestro hogar.

Me di cuenta de que, con el fin de dejar de ver a Jasmine como una víctima, tenía que orar todos los días para amarla como si fuera mi propia hija y establecerle límites. Esta decisión era como tratar de limpiar las hojas que caen en mi patio trasero, después de recogerlas, el viento sigue soplando y las hojas se riegan de nuevo por todo el lugar.

Cada día me sentía más desanimada.

Después de un año de tener a Jasmine, la trabajadora social me llamó y me dijo que Jasmine iba a ser dada en adopción y que ella quería saber si mi esposo y yo estábamos dispuestos a adoptarla. ¿Qué ??? Me dije a mí misma: se supone que esto no iba a suceder, se supone que yo debía ser sólo su madre de crianza, esto no puede ser parte del plan de Dios. ¿No estoy orando lo suficiente?

Le conté la noticia a mi marido tan pronto como llegó del trabajo. Después de escuchar, dijo; "si ella no vuelve con su mamá biológica, entonces ella se queda con nosotros. Esta es su familia ahora."

Dentro de mí yo estaba pensando: ¿QUÉ ??? ¿Cómo puede decir algo así sin ni siquiera tomarse un tiempo para pensarlo? ¿Cómo tomó esa decisión tan fácilmente? ¿Por qué yo no me siento de la misma manera? ¿Qué pasa si los comportamientos de Jasmine nunca cambian? ¿Podré manejar todos los días esa constante rebelión en nuestra casa? ¿Podré aguantar los gritos a diario y las batallas en público? ¿Qué es lo que me pasa, por qué no puedo simplemente decir que sí?

Jasmine era una niña inocente y yo era una mujer adulta. Me sentí tan avergonzada de mis sentimientos. Yo realmente no quería decir que sí, pero yo tenía miedo de decirlo en voz alta. Tenía miedo de ser juzgada. Esta no era la historia de adopción que yo quería.

Mi corazón tenía un problema y, aunque nadie podía verlo en ese momento, ahora yo estoy muy agradecida porque Dios sí podía y sabía exactamente lo que yo necesitaba. Sabía que tenía que orar, pero no quería que Dios me recordara de Santiago 1:27 "*La religión pura y sin mancha delante de Dios nuestro Padre es ésta: atender a los huérfanos y a las viudas en sus aflicciones, y conservarse limpio de la corrupción del mundo.*"

Mientras luchaba con todas mis emociones, me di cuenta de que mi lucha no era sólo si debíamos adoptar o no a Jasmine, mi verdadera lucha era si yo la podría amar como amaba a mis propios hijos.

Para procesar mis sentimientos me fui a la casa de Kim, mi hermana en Cristo. Yo sabía que Dios me escuchaba, pero necesitaba a alguien que me ayudara a escucharlo a Él.

Kim me dejó hablar hasta que había salido todo lo que estaba en mi corazón. Después, ella me preguntó suavemente: "Olivia, ¿qué pasaría si te enteraras por sorpresa de que estás embarazada, tendrías al bebé o lo abortarías?" Sin dudarlo dije que lo tendría. Entonces ella dijo: "¿Qué harías si descubrieras antes de tenerlo que ese niño tenía necesidades especiales, que no sería como la mayoría de los bebés y que iba a requerir de un cuidado especial?" De nuevo sin dudarlo le dije que tendría a mi bebé. Ella me miró a los ojos y me dijo: "Jasmine es tu bebé sorpresa y ella tiene algunas necesidades especiales."

En ese mismo momento escuché claramente la voz de Dios anunciándome que "estaba embarazada". Yo estaba embarazada de una niña de 4 años que estaba herida, y Él me había elegido a mí para ser la madre que limpiara sus heridas. Dios me permitió escuchar que Jasmine necesitaba una mamá y que también necesitaba todas las cosas que la mayoría de las mamás harían por el bebé que esperan, lo amarían más de lo que se aman a sí mismas. Siempre estaré muy agradecida de que Kim fue guiada por el Espíritu Santo para decirme la verdad con amor (Efesios 4:15).

Otra cosa muy profunda que Kim compartió conmigo esa mañana, fue que el primer paso para enamorarme de Jasmine y amarla como a mis propios hijos, era aceptar que esa era la voluntad de Dios. Ella me dijo; "Algunos regalos tienen que crecer con nosotros; no podemos vencernos a nosotros mismos si no nos gusta de inmediato, primero tenemos que decidir aceptar el regalo y, luego de aprender a valorarlo, creeremos que es exactamente lo que necesitamos, sobre todo si es un regalo de parte del Señor." Cuando me fui de la casa de Kim, ¡me sentía en paz y lista para ser una mamá!

Después de todo el papeleo, llegó el 29 de noviembre de 2009. Mi marido, nuestros hijos, algunos amigos y yo, nos sentamos frente a la juez para legalizar la decisión de dar la bienvenida a nuestra hija. Durante la ceremonia, Jasmine susurró en mi oído cada dos minutos: "¿Soy una Hudson ahora?" Después de lo que pareció una eternidad le dije: "Ahora eres una Hudson" y ella sonrió. Jasmine se convirtió en mi hija. ¡Tuve mi chica!!! Cuando salimos del palacio de justicia, ¡ella salió anunciando su nueva identidad!

Dios me dio una hija. Gracias a ella, he aprendido más acerca de lo que significa seguir comprometida en una relación durante los tiempos difíciles y a decidir amar, incluso cuando los sentimientos no están presentes.

En el momento que estoy escribiendo esto, mi hija tiene 11 años. Ella es una chica muy amable y cariñosa que está aprendiendo a lidiar con su dolor de una manera saludable. Mi hija me ama y yo la amo. El amor que nos tenemos, ha permitido que nuestra relación florezca y nos ha ayudado a enfrentar las tormentas que se producen entre nosotras.

No sé lo que pueda suceder en elfuturo, ni las cosas que tendremos que trabajar en ella a medida que se convierte en una mujer joven; pero yo creo que Dios me escogió para ser su mamá, porque yo puedo enseñarle a aprender a confiar en Dios, así como también yo he aprendido y continúo aprendiendo. Yo puedo enseñarle a luchar para que no acepte nada menos de lo que Dios quiere para ella y, a no escuchar las mentiras de Satanás, no importa lo fuerte que éste le hable.

Dios escogió a Jasmine Milagros Hudson para mí, Él la envolvió en un papel de regalo bien bonito; y Él me sigue dando la sabiduría para cuidar de este regalo tan especial. Yo no soy una madre perfecta y ella no es una hija perfecta, pero, finalmente, estoy convencida que somos la una para la otra, para que juntas aprendamos a ser más como Jesús. Le doy gracias a Dios por este regalo tan inesperado que ha cambiado mi vida y me ha hecho comprender más sobre el amor incondicional de Dios.

Hasta donde yo alcanzo a recordar, siempre quise una hija y su nombre iba a ser Milagros. Tengo una hija perfecta para mí, su nombre es Jasmine Milagros Hudson y ella es mi Milagros (Milagro).

Olivia Hudson

18
La Historia De Jasmine

Un día, mientras limpiaba mi casa, me encontré con una breve historia que mi hija de once años escribió para su clase de inglés. Me conmovió tanto que, cuando ella llegó a la casa de la escuela, le pregunté si podía publicar su historia en mi libro. Ella dijo: ¡Sí, con mucho gusto! Ella estaba muy feliz de que yo quisiera poner su historia en mi libro. ¡Espero que disfruten leyéndola tanto como yo lo hice!

Una Rebanada De La Vida

Cuando tenía dos años y vivía en Groton Connecticut, mi ciudad de nacimiento, yo vivía con una familia de crianza y ellos eran mi familia de crianza porque mi mamá biológica había tomado algunas malas decisiones. Yo solía pensar que era mi culpa, pero mis padres de crianza siempre me dijeron: "no es tu culpa que tu madre biológica tomó esas decisiones" y esas palabras siempre me han inspirado.

A medida que fui creciendo también empecé a comprender que mi madre biológica no tenía la intención de herir a mis hermanos biológicos o a mí. También comencé a entender que ella fue la que tomó esas decisiones y yo no necesito sufrir por ella. Esa fue la parte más difícil porque yo tenía que reconocer que lo que ella hizo y la gente a la que ella le hizo daño, no era algo de lo que yo debería de preocuparme.

Ahora que soy mayor me siento más cómoda de hablarle a la gente acerca de mi mamá biológica. Yo hablo con la gente acerca ella sobre todo para expresar mis sentimientos. Yo amo a mi madre biológica pero ella me ha herido intensamente y todavía estoy teniendo dificultad para perdonarla.

Cuando pienso en mi madre biológica pienso en el sonido de un beso. Pienso en la segunda mujer más bella en todo el universo. Mi madre biológica es como si yo estuviera probando un pedazo del dulce más ácido en el mundo. Digo esto porque la quiero pero ella tomó decisiones que perjudicaron a otros, incluyéndome a mí misma y a mis hermanos biológicos. La persona más hermosa que ocupa el primer lugar en mi vida es mi madre adoptiva.

Mi profesora de inglés, la señora Middlebrooks, me inspiró a escribir esta historia. Me ayudó mucho escribir este ensayo por lo que todo mi agradecimiento es para la señora Middlebrooks.

Jasmine Hudson

19
Nota Del Autor

Recientemente una amiga me envía por correo electrónico la siguiente letra:

"Hola amiga:
Lo siento mucho, me ha tomado tanto tiempo para enviarte mi historia. No creo que se puede utilizar porque es demasiado tarde. Sin embargo, por fin volví a visitar lo que escribi y finalmente terminé de poner mis pensamientos por escrito y quiero compartirlo con usted.
Gracias por inspirar a muchos de nosotras a pensar en esos momentos en nuestras vidas cuando Dios se hizo limonadas de limones. Hay tantas veces en mi vida que Él hizo exactamente eso! He aquí una vez de esas veces
Te quiero
Abrazos y besos,
Dami"

Yo no pude usar su historia porque el contexto del libro estaba hecho, sin embargo su correo inspiró la siguiente historia de este libro. Mi querida amiga, me gustaría animarte a hacerte un vaso de limonada y reflexionar sobre su vida y escribir su Historia de

Limonada porque escribir tu historia vale la pena!

A Dios sea la gloria
fantasticfivemama@gmail.com

Antes de empezar a escribir te animo a reflexionar sobre el Salmo 116 (TLA)

Yo amo a mi Dios porque él escucha mis ruegos. Toda mi vida oraré a él porque me escucha.

La muerte me tenía atrapado; me dominaba el miedo de morir.

¡Sentí una angustia terrible! Entonces le rogué a Diosque me salvara la vida.

Mi Dios es justo y compasivo; es un Dios tierno y cariñoso que protege a los indefensos. Yo no tenía quien me defendiera, y él vino en mi ayuda.

Dios mío, tú has sido bueno conmigo; ya puedo dormir tranquilo.

Me libraste de la muerte,me secaste las lágrimas, y no me dejaste caer.

Mientras tenga yo vida, siempre te obedeceré.

Confío en ti, mi Dios, aunque reconozco que estoy muy afligido.

Demasiado pronto he dicho que no hay nadie en quien confiar.

¿Cómo podré, mi Dios, pagarte todas tus bondades? Mostrándome agradecido

y orando en tu nombre, y cumpliéndote mis promesas en presencia de tu pueblo.

Dios nuestro,a ti te duele ver morir a la gente que te ama.

¡Líbrame de la muerte, pues estoy a tu servicio!

*Llevaré hasta tu altar una ofrenda de
gratitud, y oraré en tu nombre.
En los patios de tu templo, en el centro de
Jerusalén, y en presencia de todo tu pueblo,
te cumpliré mis promesas.
¡Alabemos a nuestro Dios!*

20
Mi Historia De Limonada

_____
_____
_____
_____
_____
_____
_____
_____
_____
_____
_____
_____
_____
_____
_____
_____
_____
_____
_____
_____
_____
_____

Made in the USA
Monee, IL
09 February 2020

21316025R20075